dtv

Wir warten auf die große Liebe, das Baby, den ersehnten neuen Job, das Ergebnis der Prüfung oder auch einfach auf das Ende des aufreibenden Meetings – Warten gehört ohne Zweifel zu unserem Leben. Es bedeutet jedoch fast immer Stress, denn unsere ganze Aufmerksamkeit gilt einem ungewissen Ereignis in der Zukunft, auf das wir wenig Einfluss haben. John Selby lehrt in diesem Buch einen neuen, produktiven Umgang mit diesen unvermeidlichen Zwischenzeiten: Statt uns von der Frustration vereinnahmen zu lassen, können wir diese Situationen nutzen, um zu lernen, zu wachsen und neue Ideen zu entwickeln. Dieses Buch stellt eine Fülle von einfachen, erprobten Übungen vor, mit deren Hilfe es gelingt, gelassen und genussvoll zu leben, auch wenn unsere Ziele noch in weiter Ferne liegen.

John Selby, geboren 1945, ist Doktor der Theologie, Unternehmensberater, Psychologe, Persönlichkeitstrainer und Autor zahlreicher Bücher. Er lebt auf Hawaii und kommt regelmäßig nach Europa, um Seminare anzubieten. Bei dtv erschienen von ihm bereits ›Was mich stark macht‹, ›Die Kunst, allein zu sein‹, ›Die Kunst zu leben‹, ›Väter und ihre Rolle in unserem Leben‹ und ›Arbeiten, ohne auszubrennen‹.

John Selby

Wer warten kann, hat mehr vom Leben

Der entspannte Weg zu mehr Gelassenheit

Aus dem Englischen von
Karin Petersen

Deutscher Taschenbuch Verlag

Von John Selby sind im Deutschen Taschenbuch Verlag erschienen:

Was mich stark macht (24363)
Arbeiten, ohne auszubrennen (34060)
Die Kunst, allein zu sein (36236)
Die Kunst zu leben (36287)
Väter und ihre Rolle in unserem Leben (36310)

Ungekürzte Ausgabe
Mai 2004
Deutscher Taschenbuch Verlag GmbH & Co. KG,
München
www.dtv.de

Titel des Originalmanuskripts: ›Winning the Waiting Game‹

Umschlagkonzept: Balk & Brumshagen
Umschlagbild: © Paul Barton / Corbis
Satz: Kösel-Verlag, München
Druck und Bindung: Druckerei C. H. Beck, Nördlingen
Gedruckt auf säurefreiem, chlorfrei gebleichtem Papier
Printed in Germany · ISBN 3-423-34090-8

Inhalt

EINLEITUNG

Nie mehr den alten Warteblues singen

Die meisten von uns sind gewöhnlich so stark in ihre ganz eigene Form des allgemein verbreiteten »Wartespiels« verstrickt, dass ihnen noch nicht einmal auffällt, wie viel Energie uns dieses »Wartemonster« ständig abverlangt. (Mit »Wartespiel« meine ich die Form, wie wir uns in Wartesituationen verhalten und inwieweit wir sie nutzen können.) Tatsächlich verschlingt dieses Wartemonster in unserer überaktiven Zivilisation tagtäglich unzählige Augenblicke, Minuten und Stunden und damit große Mengen Zeit, die wir produktiv verbringen oder einfach genießen könnten. Wie wir sehen werden, sind allein die damit verbundenen finanziellen Folgen gravierend.

Wie zahlreiche medizinische Untersuchungen belegt haben, können langfristige Wartezwänge zu körperlicher und emotionaler Anspannung führen, die unsere Gesundheit, unsere Geschäftstüchtigkeit und unsere Lebensfreude grundlegend beeinträchtigt – vor allem wenn wir nicht gelernt haben, uns zu entspannen und diese »Ausfallzeiten« zu genießen.

Es gibt sechs primäre Bereiche in Ihrem Leben, in denen Sie Ihre Gesundheit, Ihre Leistungsfähigkeit und Ihre Lebensfreude fördern und sogar Ihrem Liebesleben (neuen) Glanz verleihen können, wenn Sie mit Hilfe der Techniken in diesem Buch lernen, »das Wartespiel zu gewinnen«. Lassen Sie mich diese sechs verschiedenen Wartesituationen, von denen jede unser Leben in unterschiedlicher Weise nachhaltig beeinflusst, zunächst einmal darlegen. In den folgenden Kapiteln werden wir dann überlegen, wie wir jede dieser potenziell schädlichen Wartesituationen zu unserem Vorteil nutzen können.

Kurzfristige Wartefrustrationen: Manchmal ist nichts ärgerlicher als diese ständigen, unvermeidlichen, kurzfristigen Wartesituationen, in denen wir den üblichen Fluss unseres Handelns unfreiwillig unterbrechen und Däumchen drehen müssen, während wir innerlich immer gereizter und ungeduldiger werden. Erinnern Sie sich einmal daran, wann Sie zum letzten Mal

- zu lange am Telefon warten mussten,
- eine endlos lange Stunde im Wartezimmer des Arztes sitzen mussten,
- ungeduldig auf eine Geschäftskollegin warteten,
- ewig lange im Stau steckten,
- sich nach dem Kuss Ihres Partners sehnten.

Wenn unser Drang nach Aktivität im Laufe des Tages blockiert wird und wir das Gefühl haben, kostbare Zeit zu verlieren, können selbst fünf Minuten Wartezeit die folgenden Stunden durch körperliche Anspannung, emotionale Aggression und geistige Unklarheit vergiften. Wie und in welchem Maße das der Fall ist, hängt ganz von unserer Stimmung und unserem Zeitdruck ab. Unsere negativen Reaktionen auf kurzfristige Wartezwänge können unsere Gesundheit beeinträchtigen, unseren Geschäftssinn trüben und unseren Herzensbeziehungen schaden. – Wie lernen wir, uns von diesen negativen Reaktionen auf kurzfristige Wartesituationen zu befreien?

Finanzielle Situationen: Eine weitere wichtige Dimension des Wartespiels sind anstehende finanzielle Entscheidungen, die unser Leben in materieller Hinsicht beeinflussen. Geld ist gleich Überleben, ob uns das gefällt oder nicht, und wenn die Möglichkeit besteht, dass sich unser Lebensstandard durch eine anstehende Entscheidung verbessert oder verschlechtert, kann es sein, dass wir beim Warten auf den fälligen Telefonanruf oder Brief tatsächlich durch die Hölle gehen.

Im Berufsleben ist der kreative Umgang mit Wartesituationen ein Schlüssel zu finanziellem Erfolg. Im Geschäftsleben ist derjenige, der auf Wartesituationen übertrieben nervös reagiert, sehr wahrscheinlich dem Menschen unterlegen, der sich in solchen Zeiten entspannen und eine kreative, produktive innere Haltung einnehmen kann, die ihm neue Einsichten erschließt. Ob wir dazu imstande sind, ist also enorm wichtig. Im Beruf hängt Erfolg entscheidend von unserem Durchhaltevermögen und damit von unserer Fähigkeit ab, länger warten, ausharren und finanzielle Gewinne aufschieben zu können als sämtliche anderen Mitbewerber. Die Kunst, über längere Zeit entspannt warten zu können, ist für den gesamten Wirtschaftssektor unserer Gesellschaft sowohl ein lohnenswertes Forschungsthema als auch eine erstrebenswerte Qualität.

Gesundheitliche Krisen: Wenn wir auf eine medizinische Diagnose warten, können wir von dem Augenblick an, in dem wir ein bestimmtes körperliches Symptom entdecken, bis zum Bescheid des Arztes buchstäblich verrückt werden vor Sorge, vor allem wenn wir nicht wissen, ob wir ernsthaft krank sind oder nicht. Ebenso belastend kann es sein, auf die Diagnose eines Freundes warten zu müssen. Wir alle kennen das ernste Wartespiel, bei dem wir Tage, Wochen und manchmal sogar Monate krank sind, ohne zu wissen, ob wir wieder gesund werden oder unser Zustand sich weiter verschlechtert. Die Art und Weise, wie wir mit dieser manchmal lebensbedrohlichen Zwangslage gedanklich und emotional umgehen, kann den Krankheitsverlauf stark beeinflussen. Es gibt aber wirkungsvolle Wege, dieses Warten auf den Ausgang einer Krankheit umgehend in eine positive Zeit der Heilung umzuwandeln.

Warten auf die Liebe: Wir alle kennen Zeiten, in denen wir uns einsam fühlen und uns nach dieser ganz besonderen Beziehung sehnen – und trotzdem scheinbar ewig warten müssen, bis die wahre Liebe endlich auch zu uns kommt. Selbst wenn wir gefunden haben, was sich wie wahre Liebe anfühlt, sind wir oft gezwungen, immer wieder quälend lange zu warten, ohne in dieser Zeit zu wissen, ob sich alles zum Guten fügen und die Sehnsucht unseres Herzens gestillt oder ob es schrecklich verletzt wird.

Beziehungen sind wahre Brutstätten für Wartetraumen – wenn wir nicht lernen, die inneren Reaktionen, die unser Leiden verursachen, unter Kontrolle zu halten und unsere Warteenergien in den Dienst unserer Liebe zu stellen.

In Wirklichkeit ist es so, dass die Art und Weise, wie wir in diesen Wartezeiten mit unseren Gefühlen und Gedanken umgehen und handeln, die Entwicklung unserer Liebesbeziehung stark beeinflussen kann. Wenn wir vor Ärger explodieren, sobald ein Geliebter zu spät kommt, schaden wir nur der Beziehung. Wenn unser Herz verbittert reagiert, sobald wir auf die Liebe warten müssen, büßen wir an Liebenswürdigkeit ein und sabotieren uns selbst. Wenn wir positiv und kreativ warten können, blühen wir dagegen auf!

Die Schwangerschaftspause: Sowohl für den Vater als auch für die Mutter, die ein Kind erwarten, kann das neun Monate lange Wartespiel der Schwangerschaft entweder eine tief befriedigende oder eine regelrecht traumatische Zeit sein. Das hängt davon ab, wie wir uns gedanklich und gefühlsmäßig auf unsere zukünftige Vater- oder Mutterschaft einstellen. Wenn wir uns zu viele Sorgen um die Zukunft machen, stören wir das Heranreifen des Kindes. Bleiben wir dagegen im Augenblick und genießen die innere Vorbereitung auf unser Elterndasein, ist das die schönste Einstimmung auf ein glückliches Familienleben.

Ähnliches gilt, wenn wir mit einer großartigen Idee schwanger gehen, die wir eine Zeit lang innerlich ausbrüten müssen, bevor sie geboren werden kann. Unser Umgang mit der Aufregung und dem Stress, die diese innere Beschäftigung mit einem besonderen Einfall begleiten, beeinflusst in fast beängstigendem Maße, wie unsere Idee Form annimmt, wenn sie erst einmal geboren wird. Das gilt vor allem für die Geschäftswelt, wo wahre Führungskräfte wissen, wie sie ein neues Projekt bei dessen ersten Schritten auf dem Weg zur allgemeinen Akzeptanz behutsam fördern können – mit ruhiger, weiser Aufmerksamkeit bis zur Entfaltung der Idee von Augenblick zu Augenblick.

Spirituelles Warten: Zuletzt möchte ich mich der für viele Menschen wichtigsten Form des menschlichen Wartespiels zuwenden: der manchmal quälenden Erfahrung des spirituellen Wartens, wo wir hoffen und beten, dass unsere Überzeugungen sich als wahr erweisen und Ausdruck in unserem Leben finden werden. Oft scheint es, als würden wir unser ganzes Leben lang darauf warten, dass die tieferen Wahrheiten in unserer persönlichen Existenz lebendig werden. – Wie können wir mit diesem existenziellen Wartedilemma nicht nur umgehen, sondern unsere spirituelle Suche aktiv zu einem Ergebnis bringen?

Mit anderen Worten: Wie gelingt uns der spirituelle Trick, eine »wartende Haltung« in eine »empfangende Haltung« umzuwandeln, so dass wir uns, statt chronisch darauf zu warten, dass »irgendwann einmal etwas passiert«, *hier und jetzt* für erweiterte Bewusstseinszustände öffnen? Dass wir mit der spirituellen Realität, die allem dreidimensionalen Erleben zugrunde liegt, direkt in Kontakt kommen?

Grundlegend gilt Folgendes:

> Ganz gleich, was wir tun, wir werden die zahlreichen verschiedenen Wartesituationen nicht abschaffen können. Solange wir uns in der dreidimensionalen, irdischen Zeit bewegen, sind wir alle immer wieder gezwungen zu warten. Aber wir alle können lernen, unser Warten von einer negativen in eine positive Erfahrung umzuwandeln, indem wir uns Zugang zu überraschenden Einsichten erschließen, das Ergebnis unseres Wartens aktiv beeinflussen und dadurch immer wieder Augenblicke von tiefer, echter Freude erleben.

Hintergrund und Aufbau dieses Buches

Wir haben hier das Ziel, sechs einfache, aber wirkungsvolle Techniken zu erlernen, mit deren Hilfe wir unser Warten in sämtlichen Lebenssituationen in Gold verwandeln können. Um dies zu erreichen, werden wir uns eher mit praktischen Vorgehensweisen als mit theoretischen Überlegungen befassen, so dass Sie am Ende jedes Kapitels konkrete Schritte beherrschen, die Sie bereits am nächsten Tag anwenden können, um Ihre Leistung und Ihre Freude bei der Arbeit und in der Freizeit positiv zu beeinflussen und beide Bereiche intensiver genießen zu können.

In den ersten beiden Kapiteln konzentrieren wir uns darauf, eine grundlegende Technik für das Verwandeln von »Warten in Gold« zu lernen, die nur eine Minute dauert und mit der wir Stress in Freude, geistige Unklarheit in kognitive Schärfe und chronische Angst in eine sorglosere innere Haltung verwandeln können. Wenn Sie schon andere Bücher von mir gelesen haben, kennen Sie wahrscheinlich bereits ähnliche Formen dieses Mind-Managements. Diese Techniken bilden den Kern sämtlicher Selbsthilfeprogramme, die ich bislang entwickelt habe.

Sollten Sie das bewusste Wahrnehmen des ganzen Körpers in sechs Atemzügen bereits beherrschen – wunderbar. Dann überfliegen Sie die Erörterungen und Beispiele in den beiden ersten Kapiteln und lassen die konkreten Übungen aus. Aber auch wenn Sie diese Methode des »Aufwachens« bereits kennen, empfehle ich Ihnen, sich diese scheinbar so einfache, letzten Endes jedoch unschätzbare Meditation noch einmal vollständig ins Gedächtnis zu rufen, damit Sie für die späteren Schritte in diesem Buch eine solide Grundlage haben.

Die Techniken, mit denen Sie »das Wartespiel gewinnen«, finden Sie jedoch nur in diesem Buch. Wir werden sie mit jedem neuen Kapitel Schritt für Schritt weiterentwickeln, bis Sie den gesamten Ablauf beherrschen. Beginnend mit einem zunächst vielleicht einfach erscheinenden Thema, werden wir schließlich feststellen, dass unsere innere Einstellung in sämtlichen verschiedenen Wartesituationen die Richtung unseres gesamten Lebens maßgeblich bestimmt.

Den meisten Menschen ist nicht klar, dass Ihr Umgang mit Situationen, in denen sie gezwungen sind, in ihrem Leben auf etwas Bestimmtes zu warten, ausschlaggebend dafür ist, wie stark sie die folgenden negativen Stressfaktoren tagtäglich am eigenen Leib erfahren:

- Ungeduld
- Besorgnis
- Schwäche
- Angst
- Feindseligkeit
- Depression

- Psychosomatische Krankheiten
- Geistige Verwirrung
- Chronische physische Erschöpfung

Jüngste Statistiken zeigen, dass mehr als drei Viertel der eben genannten Stressfaktoren durch nur einen Bereich des menschlichen Denkens bedingt sind: chronische Sorgen. Und wir machen uns nur dann Sorgen, wenn wir in Gedanken über eine ungewisse Zukunft verstrickt sind. Die Hauptursache für das meiste menschliche Leid wird also nicht von außen an uns herangetragen, sondern liegt in unseren eigenen Gedanken und Gewohnheiten, welche uns in einem Zustand von Sorge und Stress gefangen halten, der sich wiederum in sämtlichen psychosomatischen Symptomen und emotionalen Leiden ausdrückt, die die moderne Gesellschaft plagen.

Wenn wir unser tägliches Leben genau betrachten, wird deutlich, dass wir uns aus vielen Gründen ständig in chronischen Wartesituationen befinden, die alle darauf beruhen, dass unsere Zukunft ungewiss bleibt. Wie gesagt: Das Warten lässt sich nicht vermeiden. Es ist aber möglich, den damit verbundenen Stress fast ganz zu umgehen und so unsere Wartezeiten in sehr produktive Erfahrungen umzuwandeln.

Wir werden noch einen Schritt weiter gehen und nicht nur »Warten in Gold verwandeln«, sondern Methoden lernen, mit denen wir unsere »Ausfallzeiten« aktiv nutzen, um erwünschte Ergebnisse unmittelbar zu beeinflussen. Sowohl im Arbeitsleben als auch in unseren Familien und Freundes- und Bekanntenkreisen, in unseren Liebesbeziehungen und selbst in unserem spirituellen Leben können wir mit Hilfe eines »kreativen Zeitmanagements« unser Leben verändern, indem wir unser Schicksal in die Hand nehmen und konkretisieren, was wir uns wirklich wünschen. Fangen wir also an!

1
Warten in Gold verwandeln

Merkwürdigerweise haben oft selbst die klügsten und erfolgreichsten Menschen in unserer Gesellschaft kaum eine Vorstellung davon, wie sie sich über die Zukunft weniger Sorgen machen und sich ihres Lebens mehr freuen können. Kurz gesagt, sie sind nicht vertraut mit dem, was wir als »kreatives Zeitmanagement« bezeichnen. So habe ich zum Beispiel mit zahlreichen bekannten Führungspersönlichkeiten aus der Wirtschaft gearbeitet, die ein gesamtes Großunternehmen kompetent leiten, aber oft überhaupt nicht wissen, wie sie ihr eigenes Wartedilemma so umwandeln können, dass sie Vorteile daraus ziehen. Gesellschaftlich betrachtet haben wir uns aus verschiedenen Gründen wenig Kenntnisse darüber erworben, den Stress des Wartens auf wichtige zukünftige Ereignisse in unserem Leben erfolgreich zu bewältigen.

Ich möchte Ihnen im Folgenden ein Beispiel einer klugen Person erzählen, die bislang trotzdem nicht wusste, wie sie mit dem Stress umgehen sollte, der aus ihren Erwartungen an die Zukunft erwuchs, und die diese Situation wunderbar handhaben konnte, als sie die Dynamik erst einmal begriff, die ihrem gewohnten Wartestress zugrunde lag.

Susan ist eine gute Freundin und gelegentlich auch meine Finanzberaterin, die meistens vor Energie sprüht. Sie lud mich zum Mittagessen ein, nachdem sie in ihrem Leben monatelang nichts auf die Reihe bekommen hatte. Nach und nach teilte sie mir mit, was ich bereits an ihrem ungewöhnlich deprimierten Gesichtsausdruck und ihrer körperlichen Anspannung sehen konnte, dass sie sich nämlich merkwürdig erschöpft, depressiv und manchmal auch aggressiv fühle und hin und wieder sogar Selbstmordgedanken hege.

Als Therapeut macht es mir nichts aus, gelegentlich auch außerhalb meiner Praxisstunden Hilfestellung zu leisten. So lehnte ich mich also zurück und hörte ihren vagen Klagen zu, um ihr dann zwei Fragen zu stellen: »Welche Situationen in deinem Leben frustrieren dich augenblicklich und machen dir Angst? Und auf was wartest du ungeduldig – was soll in deinem Leben passieren oder zu einer Lösung kommen?«

Sie starrte mich einen Augenblick verblüfft an und platzte dann mit einer ganzen Reihe von »Wartestress-Faktoren« heraus:

- Ihr Haus war immer noch nicht abbezahlt, und sie stand unter finanziellem Druck.
- Ihr Exehemann schob es immer wieder hinaus, bestimmte Papiere zu unterschreiben.
- Ihre Tochter litt seit drei Wochen an Magenbeschwerden.
- Sie selbst hatte ständig Schmerzen in der linken Hüfte, ohne dass sie auf konkrete Ursachen zurückgeführt werden konnten.
- Ihr Partner war seit drei Wochen krankgeschrieben.
- Sie steckte in einer tiefen Sinnkrise.

Sie hatte mich, wie sie zugab, zum Essen eingeladen, weil sie sich als emotionales und geistiges Wrack fühlte und wirklich therapeutische Hilfe brauchte. Würde ich sie als Klientin annehmen?

Da ich sie ziemlich gut kannte, konnte ich auf ihre Frage ohne zu zögern antworten: Sie brauchte in ihrer Situation keine langfristige therapeutische Behandlung, sondern eindeutig eine spezielle kurzfristige Unterweisung im Umgang mit »Wartekrisen«.

Drei Wochen und sechs Sitzungen später beherrschte Susan, die eine eifrige Schülerin war, die Punkte, die ich Ihnen in diesem Buch vorstellen werde, bereits recht gut. Was sie lernte und was auch Sie selbst schon bald können werden, ist Folgendes:

- Sie lernte ihr chronisches Sorgen um alles Mögliche zu beobachten.
- Sie konnte ihre ängstlichen Wartegedanken jetzt bewusst vertreiben.
- Sie war imstande, ihr Denken positiv auszurichten.
- Sie konnte ihr körperliches Wohlbefinden steigern.
- Sie konnte sich emotional sofort entspannen.
- Sie wusste, wie sie zu grundlegender geistiger Klarheit und Kraft gelangen konnte.
- Sie lernte, das Ergebnis ihres Wartens aktiv zu beeinflussen.

Auch wenn einige »Wartestress-Faktoren« in Susans Leben bestehen blieben und sogar weitere Wartespiele hinzukamen, konnte sie jetzt anders damit umgehen, so dass ihr klarer Kopf und ihr positives Vertrauen in das Leben wieder Oberhand gewannen. Außerdem begann sie auf tieferen geistigen und spirituellen Ebenen zu begreifen, dass sie durch ihr eigenes Handeln der Welt näher kam, die sie sich wirklich wünschte, statt einfach den Kräften äußerer Zufälle ausgeliefert zu sein.

Der primäre Auslöser für Wartestress

Der erste Schritt meiner Arbeit mit Susan bestand darin, dass wir die weit verbreitete Wartesituation untersuchten, die ich Ihnen jetzt ebenfalls erläutern möchte – eine Situation, die uns oft äußerst ungeduldig macht und die Licht auf mehrere zentrale Aspekte der Zwangslage des Wartens wirft:

Sie sind bereits eine Viertelstunde zu spät dran und müssen noch im Supermarkt vorbei, um etwas für das Abendessen einzukaufen ... An der Kasse sehen Sie, dass sechs, sieben Leute vor Ihnen stehen und Sie noch weitere fünf, vielleicht sieben Minuten nutzlos herumstehen werden ... Sie reagieren negativ auf diese Situation und sind ungeduldig, angespannt, besorgt und frustriert und dadurch wiederum gedanklich durcheinander. Sie fühlen sich wie eine emotionale Zeitbombe ...

Wir wollen einmal genau überlegen, was diese ablehnende oder besorgte Reaktion auslöst, die bewirkt, dass Sie das Warten eher negativ als positiv erleben. Wenn wir das klar erkennen, sind wir schon auf dem besten Weg, Ihr Wartedilemma an der Wurzel zu packen.

Bedenken Sie zunächst einmal Folgendes: Es gibt Zeiten, in denen Sie es durchaus genießen, im Laden in der Schlange zu stehen. Sie wissen dann, Sie haben ein paar Minuten Verschnaufpause, also schauen Sie sich um, atmen tief durch, begegnen freundlichen Blicken, gehen kurzen Tagträumen nach und werden sich auf angenehme Weise Ihres Körpers bewusst. Der Zeitdruck weicht von Ihnen und Sie leben bewusst im gegenwärtigen Augenblick. Vielleicht empfinden Sie sogar für einen Moment tiefes Glück, während Sie darauf warten, Ihre Einkäufe zu bezahlen.

Warum aber ist das Warten zu anderen Zeiten eine solche Qual? Warum reagieren Sie negativ darauf, warten zu müssen?

Wenn Sie einmal innehalten und sich selbst beobachten, wie Sie in eine schlechte Wartestimmung verfallen, werden Sie feststellen, dass unmittelbar hinter Ihren wachsenden körperlichen Spannungen und Ihrer emotionalen Frustration oft ein mehr oder weniger subtiler negativer Gedanke oder eine entsprechende Haltung steht. Durch die augenblickliche Situation wurde dann »der Knopf gedrückt«.

Aus psychologischen Beobachtungen lässt sich eindeutig schließen:

> Der primäre Auslöser für Stress, Angst und Frustration in sämtlichen Wartesituationen liegt nicht in den äußeren Umständen, sondern in den vorprogrammierten Einstellungen und Gedanken, die innerlich auf uns einstürmen, sobald wir in solche Situationen geraten.

So sind zum Beispiel viele von uns auf die Angst programmiert, etwas »Schlimmes« könne geschehen, wenn wir unseren Zeitplan »nicht einhalten«. Die Uhr diktiert buchstäblich unser Leben, und wenn etwas unseren Zeitplan durcheinander bringt, reagieren wir frustriert und mit bösen Vorahnungen. »Verdammt noch mal!«, denken Sie dann vielleicht. »Wenn das hier fünf Minuten länger dauert, komme ich zu spät, um Terry abzuholen.«

Und dieser Gedanke löst wiederum eine ganze Reihe von Sorgen aus – negative Projektionen in die Zukunft. Auch wenn diese Sorgen vielleicht völlig übertrieben sind, lösen solche Befürchtungen, wenn sie uns packen, bevor wir sie kommen sehen, eine Kettenreaktion weiterer Emotionen und körperlicher

Spannungen aus. Und schon sind wir wieder Opfer unseres eigenen Denkens, das uns die Gegenwart zur Hölle machen kann!

Es gibt natürlich noch viele weitere Gedanken, die wir verinnerlicht haben und die ausgelöst werden, wenn wir zu lange in der Warteschlange stehen müssen:

- »Ich muss das Essen bis 18.00 Uhr fertig haben, dieses Warten hier bringt meinen ganzen Zeitplan durcheinander.«
- »Ich habe keine Zeit zu verschwenden, sie sollten zu dieser Tageszeit wirklich mehr Kassen besetzen.«
- »Ich möchte jetzt in der heißen Badewanne sitzen und nicht mit schmerzenden Füßen hier stehen!«
- »Ich hasse es, warten zu müssen!«

Wie immer die Besorgnis erregenden oder ungeduldigen Gedanken auch aussehen mögen, die uns beherrschen, sobald wir warten müssen, die grundlegende Erkenntnis ist: Wenn wir nicht lernen, unsere eigenen negativen Reaktionen und Einstellungen in Wartesituationen zu vermeiden und entsprechende Gedanken in positive zu verwandeln, machen wir uns immer wieder zum Opfer dieser Umstände.

Die grundlegende Warteentscheidung treffen

Ich möchte Ihnen anhand eines dramatischen Beispiels aus dem wirklichen Leben darlegen, wie ein Mensch zu der Erkenntnis gelangte, dass sein eigenes Denken die Entwicklung seiner Wartesituationen beeinflusste, und wie diese Person von diesen Einsichten nachhaltig profitierte.

Jerry Wright, ein alter Freund von mir, steckte einmal in einer äußerst schwierigen Wartesituation. Er war drei Jahre lang in einem vietnamesischen Kriegsgefangenenlager eingesperrt. In späteren Gesprächen erforschten wir seine Erfahrung dort gründlich, und er erzählte von einer Erinnerung, bei der ich Gänsehaut bekam: dass er sich trotz seiner äußeren Situation, die einer scheinbar endlosen Wartezeit in der reinen Hölle glich, ziemlich häufig von seiner vorherrschenden, durch Drogen und Angstzustände geprägten Stimmung lösen und seine Zwangslage sogar *genießen* konnte – und zwar einfach dadurch, dass er den Kern seiner Aufmerksamkeit und damit auch die Ausrichtung seiner Gedanken veränderte.

Jerry hatte eine wesentliche psychologische und spirituelle Tatsache des Lebens erkannt: Ganz gleich, wie schwierig unsere äußere Situation ist, wir können den Fokus unserer Aufmerksamkeit jederzeit nach Belieben verlagern und das Positive entdecken, das in all dem Negativen verborgen liegt. Er erzählte:

»Ich hockte da, hungrig, verängstigt, Wunden an den Beinen und ohne jede Hoffnung, und plötzlich kam mir, dass der Vietcong zwar meinen Körper gefangen halten konnte, über meinen inneren Zustand jedoch keinerlei Gewalt hatte. Ich konnte weiterhin in jedem Augenblick bestimmen, wohin ich meine Aufmerksamkeit lenkte.

Ich will damit sagen, statt ständig im Sumpf all der scheußlichen Gedanken stecken zu bleiben, die mich innerlich aufwühlten, konnte ich meine Aufmerksamkeit verlagern. Ich konnte nach oben schauen in das reine Blau des offenen Himmels über mir und Kontakt aufnehmen mit der Welt der Natur, die mich umgab. Dann fielen diese negativen Gedanken einfach von mir ab. Plötzlich befand ich mich in diesem erstaunlichen Zustand von, ja, sagen wir Glückseligkeit, in dem ich ganz weit und groß wurde, weißt du – völlig vertieft in das offene Blau des Himmels, die Vollkommenheit des Augenblicks.

Je mehr ich begriff, dass ich diese innere Macht besaß, desto häufiger benutzte ich sie auch. Und je häufiger ich dieses Umschwenken praktizierte, desto besser gelang es mir. Es war, als trainierte ich meine geistigen Muskeln. Selbst wenn sie mir Daumenschrauben anlegten, konnte ich mein Denken manchmal in den Griff bekommen und beschließen, mich einfach auf etwas anderes zu konzentrieren – und dann kriegten sie mich kaum zu fassen. Leider waren die meisten Jungs, die mit mir im Camp lebten, so in ihre miesen Gedanken über ihre Situation verstrickt, dass sie mir überhaupt nicht zuhörten, als ich ihnen sagte, sie müssten nicht so fertig sein – sie könnten einfach beschließen, sich gut zu fühlen!«

Verglichen mit Jerry befinden wir uns geradezu in paradiesischen Zuständen, wenn wir im Laden in der Schlange stehen. Aber weil wir es nicht beherrschen, uns von störenden Gedanken zu lösen und uns angenehmen Überlegungen und Wahrnehmungen zuzuwenden, die uns wertvolle Einsichten erschließen können, stecken wir weiterhin in den üblichen Wartesorgen und den damit verbundenen Anspannungen fest.

In seinem Buch *Die sieben Wege zur Effektivität* erläutert Stephen Covey, wie wichtig es ist, dass wir die Fähigkeit entwickeln, *proaktiv* zu sein. Mit diesem Begriff meint Covey, dass wir, statt mit uns tun und machen zu lassen, selbst die Initiative ergreifen und handeln sollen. Außerdem gilt es zu erkennen, dass wir »als menschliche Wesen verantwortlich sind für unser Leben« und unsere eigenen Entscheidungen die Richtung unseres Lebens bestimmen – und nicht die Entscheidungen, die andere für uns treffen. »Der Mensch hat die Freiheit, zwischen Reiz und Reaktion zu wählen«, führt Covey aus.

In diesem Buch, in dem es darum geht, das Wartespiel zu gewinnen, wollen wir herausfinden, wie wir unsere eigenen Reaktionen in einer Wartesituation entscheidend beeinflussen können.

Es geht los

Genug des Redens – legen wir einen anderen Gang ein und wenden wir uns nun ganz praktischen Schritten zu, damit Sie sich von Anfang an mit den Werkzeugen vertraut machen, die Sie benötigen, um Ihre eigenen Wartespiele zu gewinnen.

Diejenigen unter Ihnen, die schon andere Bücher von mir gelesen haben, kennen die ersten Schritte bereits, die ich Ihnen in diesem ersten Kapitel noch beibringen werde. Der Ausgangspunkt für höhere, produktivere und befriedigendere Bewusstseinszustände ist immer derselbe, egal worauf wir uns gerade konzentrieren. Wir müssen lernen,

- uns den kontinuierlichen Gedankenfluss bewusster zu machen,
- unsere gegenwärtige innere Ausrichtung nach Belieben zu verändern und
- die für unsere augenblickliche Absicht effektivste Ausrichtung zu wählen.

Anfang und Ende des erfolgreichen Lernens von Techniken wie diesen beinhalten immer, dass wir

- uns den Ablauf unseres eigenen Denkens bewusster machen,
- unsere üblichen geistigen Gewohnheiten beobachten, die Probleme schaffen,

- Techniken beherrschen, um diese alten Gewohnheiten umzuwandeln und
- neue Gewohnheiten entwickeln, die uns bessere Dienste erweisen.

Und genau das werden wir jetzt lernen ...

Kurzfristige Wartesituationen umwandeln

Stellen Sie sich noch einmal vor, dass Sie im Supermarkt ungeduldig in der Warteschlange stehen. In Ihnen braut sich ein kleiner Wirbelsturm an negativer Anspannung und entsprechenden Gefühlen zusammen, während Sie sich Sorgen machen, zu Ihrem nächsten Termin zu spät zu kommen. Sie könnten platzen, so unangenehm ist Ihnen dieses erzwungene Warten, dem Sie nicht entkommen können.

Was können Sie tun, um solche simplen, ständig wiederkehrenden Situationen zu durchbrechen und auch hierin den immer gegenwärtigen Augenblick wieder lebendig genießen zu können?

Es folgt die Einführung in eine äußerst wirkungsvolle Methode, die Sie sich in den nächsten Wochen schnell aneignen, sich zur positiven Gewohnheit machen und die Sie immer dann anwenden können, wenn Sie in negative Wartestimmungen verfallen. Probieren Sie die folgende Übung beim Lesen einfach einmal aus, ohne dass Sie versuchen, sie sich zu merken:

1. *Richten Sie Ihre Aufmerksamkeit als Erstes auf Ihren eigenen Atem und beobachten Sie, wie Ihr Atem verläuft, wenn Sie sich in einer Wartesituation befinden.*

Achten Sie auf Folgendes: Werden Ihr Einatem und Ihr Ausatem angespannter und flacher oder entspannen Sie sich und lassen Sie zu, dass Ihr Atem tiefer geht, während Sie warten? Anders gefragt: Neigen Sie dazu, beim Warten Ihren Atem festzuhalten, oder atmen Sie währenddessen weiterhin frei und tief?

> Sämtliche physiologischen Symptome von Aufregung, Sorge und Angst, die mit dem Warten einhergehen, sind eng mit Ihrem Atemerleben verknüpft. Außerdem geht Ihr Atem, wenn Sie ihn nicht bewusst beobachten, automatisch – und diese automatische Programmierung bildet den Kern Ihres Wartestresses.

Wenn Sie sich Ihres Atems jedoch in jedem Augenblick bewusst sind, geschieht etwas Wunderbares, wie Sie selbst jedes Mal entdecken können, wenn Sie sich Ihrem Atem zuwenden: Sie atmen spontan tiefer und entspannter, wenn Sie die Aufmerksamkeit auf Ihren Atem richten. Wenn Sie Ihre Wahrnehmung bewusst auf Ihren Atem lenken, korrigieren Sie sich selbst. Das ist ein grundlegender physiologischer Segen unseres Körpers: *Wenn wir uns unserer Anspannung bewusst werden, reagiert unser Körper mit Entspannung.* Diese medizinische Tatsache aktiv zu nutzen ist ein positiver Schritt, den wir alle in unserem Leben sofort und regelmäßig praktizieren können. Das ist die wahre »Erholungspause«!

2. *Erweitern Sie als Nächstes Ihre körperliche Wahrnehmung, um ohne Anstrengung sowohl Ihren Atem als auch die physische und emotionale Präsenz Ihres Herzens zu spüren.*

Beobachten Sie, ob sich Ihr Herz in einer Wartesituation öffnet oder verschließt. Wird Ihr Herz weiter oder sperrt es sich gegen Ihre eigene liebevolle Präsenz und die der Menschen in Ihrer Umgebung? Wenn wir gezwungen sind zu warten, zieht sich den meisten von uns das Herz zusammen, weil wir anfangen, Gedanken zu hegen, die Ärger und Frustration auslösen. Diese Emotionen schneiden uns von Gefühlen wie Mitgefühl und menschlicher Wärme ab, und wenn die positiven Empfindungen unseres Herzens verdrängt werden, fühlen wir uns natürlich sofort schlecht. Dann hat sich unsere persönliche Präsenz ins Negative verwandelt und beeinflusst auch die Menschen um uns herum und damit die Stimmung der gesamten Warteschlange negativ.

> Der erste Schritt, um diese Verschlossenheit unseres Herzens beim Warten zu überwinden, besteht wiederum darin, dass wir einfach beobachten, wie sich unsere unbewussten Wartegewohnheiten in unserem Körper ausdrücken. Werden Sie sich also Ihrer negativen Gewohnheiten bewusst. Diese bewusste Wahrnehmung löst schon eine Selbstkorrektur aus.

Schließlich ist es nicht Ihr natürlicher Zustand, dass Ihr Herz sich verschließt und Sie sich folglich schlecht fühlen. Menschen haben von Natur aus erst einmal keinen Stress und keine Sorgen. Uns allen steht diese instinktive Selbstkorrektur aber immer noch zur Verfügung, wir müssen Sie nur mit der Macht der bewussten Aufmerksamkeit aktivieren.

3. *Beim dritten Schritt erlauben Sie Ihrer inneren Aufmerksamkeit, neben Ihrer Atmung und Ihrem Herzen auch Ihren ganzen Körper hier in diesen gegenwärtigen Augenblick mit aufzunehmen.*

Achten Sie darauf, ob Ihr Körper sich ganz verspannt oder entspannt, sobald Sie eine Wartehaltung einnehmen. Fühlen Sie sich, wenn Sie frustriert sind, körperlich besser oder schlechter?

Stress, Angst und Sorge sind physiologische Reaktionen. Solange wir uns körperlich gut, entspannt und vielleicht sogar ein wenig sexy fühlen, werden wir uns kaum über das Leben beschweren, ganz gleich, was um uns herum passiert. Wenn wir uns darüber beklagen, dass wir warten müssen, dann meinen wir damit in Wirklichkeit, dass wir uns aufgrund dieser Situation körperlich schlecht fühlen, stimmt's?

Um unsere Reaktion in eine positive Richtung zu lenken, ist es also von grundlegender Bedeutung, dass wir uns bewusst machen, wie unser Körper auf das Warten reagiert. Und wenn Ihnen bewusst wird, dass Sie stocksteif dastehen und völlig angespannt sind, beginnt Ihr Körper schon sich selbst zu korrigieren, sich ein wenig zu dehnen und zu strecken und die unbewussten Spannungen loszulassen, die ihn im Griff hatten.

Sobald Sie den Fokus Ihrer Aufmerksamkeit auf Ihren Atem, Ihren Herzschlag oder Puls und Ihren ganzen Körper hier in diesem Augenblick richten, wird Ihnen auffallen, dass etwas Bemerkenswertes geschieht und Ihre Warteerfahrung sich verändert ...

4. *Achten Sie jetzt darauf, was mit dem Strom der inneren Gedanken geschehen ist, der in Ihrem ganzen Körper chronische Frustration, Sorge und Angst auslöst.*

Wenn Sie die drei zuvor beschriebenen Schritte zur Erweiterung Ihrer Aufmerksamkeit gegangen sind, werden Sie feststellen, dass Ihr Denken vorübergehend zum Stillstand gekommen ist! Sie haben Ihrem Kopf einen Streich gespielt. Sie haben einen Trick angewendet, mit dem Sie den Fluss der üblichen Gedanken, die Frustration und Sorge in Ihrem Körper auslösen, willentlich unterbrechen können.

Eine grundlegende psychologische Erkenntnis lautet: Es ist unmöglich, sich zwei oder mehr physiologische Vorgänge im Körper bewusst zu machen und gleichzeitig noch einen einzigen Gedanken zu fassen!

Um also die Sorgen zu vertreiben, die uns beim Warten quälen, müssen wir lediglich »geistiges Judo« machen, indem wir

1. unsere innere Aufmerksamkeit auf unseren Atem lenken,
2. dann über den Atem hinaus auch unseren Puls oder unseren Herzschlag in unsere Wahrnehmung einbeziehen
3. und schließlich unsere Wahrnehmung auf die Präsenz unseres ganzen Körpers ausdehnen.

Voilà! Wenn Sie den Fokus Ihrer inneren Aufmerksamkeit auf den gegenwärtigen Augenblick ausdehnen, werden Sie feststellen, dass Ihre Sorgen schnell geringer werden, so dass Sie frei sind, auf Ihre Umwelt kreativ und positiv einzugehen. Sie haben Ihr Schicksal selbst die Hand genommen und Ihr Warten in eine positive Erfahrung verwandelt. Sie sind kein Opfer des Wartens mehr!

Auf den Bescheid des Arztes warten

Im Supermarkt fünf Minuten an der Kasse stehen zu müssen ist etwas völlig anderes, als auf das Ergebnis einer ärztlichen Untersuchung zu warten. Können wir die grundlegenden Prinzipien und Techniken, die wir gerade gelernt haben, auch auf schwerwiegendere Situationen im Leben übertragen?

Wie ich in der Einleitung bereits erwähnt habe, kann der Stress, auf ein ärztliches Untersuchungsergebnis zu warten, ohne zu wissen, ob wir ernsthaft krank sind oder nur an einem oberflächlichen Symptom leiden, uns verrückt vor Sorge machen. Die Qual des Wartens auf die Prognose eines befreundeten Menschens kann für uns emotional ebenso belastend sein. Wir malen uns innerlich natürlich das Schlimmste aus und sehen in unserer Vorstellung die entsetzlichsten Bilder körperlichen Leidens.

Wie können wir mit diesen wiederholten Angstattacken in Bezug auf unsere körperliche Gesundheit und die der uns nahe stehenden Menschen umgehen? Ich möchte Ihnen ein Beispiel geben, an das ich mich immer noch lebhaft erinnere. Tatsächlich verdient dieses Beispiel gerade hier erwähnt zu werden, weil die Idee, ein Buch wie dieses zu schreiben, mir aufgrund der Begebenheit kam, die ich gleich beschreiben werde.

Es handelt sich hierbei um einen ziemlich extremen Fall von »Zukunftsangstprojektion«, bei dem es um Leben und Tod geht. Ich wünschte mir damals, das betreffende Paar hätte Gelegenheit gehabt, ein Buch über den Umgang mit Sorgen zu lesen, bevor es in die extreme Situation geriet, in der es dann relativ schwer war, ihm Anweisungen zu geben.

Erlauben Sie sich beim Lesen dieses Dramas, es durch eine vergleichbare Situation zu ersetzen, die Sie selbst erlebt haben. Vielleicht haben Sie einmal entdeckt, dass Ihre Tochter einen Knoten am Hals hatte. Sie wussten eine Woche lang nicht, ob sie an einer Art Leukämie, einer Drüsenerkrankung oder lediglich an einer harmlosen Kinderkrankheit litt. Vielleicht ist Ihnen ein Flecken auf der Haut aufgefallen, den Sie früher nicht bemerkt hatten, und Sie machten sich Sorgen, bis Sie zum Arzt gingen und die Diagnose erhielten. Oder Ihre Freundin bekam ihre Periode nicht und Sie mussten auf das Testergebnis warten, um herauszufinden, ob sie schwanger war ...

In diesem Fall geht es um einen Freund von mir mittleren Alters, bei dessen regelmäßiger Vorsorgeuntersuchung Blut im

Stuhl festgestellt wurde. »Machen Sie sich keine Sorgen, wahrscheinlich haben Sie lediglich Hämorrhoiden und nichts Ernstes«, sagte sein Arzt und überwies ihn an einen Spezialisten, der ihn untersuchen sollte und ihm das Ergebnis mitteilen würde.

Natürlich war Erik in den acht Tagen vor seinem Termin bei dem Spezialisten sehr nervös. Seiner Frau fiel seine Besorgtheit und Depression auf, aber er wollte ihr zunächst nichts sagen, weil sie sich sonst auch Sorgen machen würde. Schließlich brachte sie ihn dazu, ihr zu sagen, warum er so fertig war. Als sie erfuhr, dass er Blut im Stuhl hatte, regte sie sich noch heftiger auf als er. Beide wussten, dass sein Befund ein Symptom für Darmkrebs sein konnte.

Wir wollen uns einmal genau anschauen, was hier geschah. Erik ging es damals gesundheitlich offensichtlich gut. Er war Universitätsprofessor und stand seit Monaten unter dem Druck, den Abgabetermin für sein neues Buch einzuhalten. Aber vom üblichen Arbeitsdruck einmal abgesehen, fühlte er sich relativ wohl und keinesfalls, als habe er eine tödliche Krankheit.

Aber sobald er von der Möglichkeit einer Krebserkrankung erfuhr, veränderte sich sein ganzes Leben. Er konnte kaum essen, musste auf einmal stündlich Wasser lassen, war nervlich am Ende und schrie seine Studenten an. Und innerlich hatte er entsetzliche Vorahnungen, die ihn bis ins Mark erschütterten, wenn er sich vorstellte, er könne Krebs haben, müsse eine äußerst schmerzhafte Operation über sich ergehen lassen und würde vielleicht nicht mehr lange leben.

Er konnte einfach nicht aufhören, sich das Schlimmste vorzustellen. Und selbst wenn er nicht bewusst an sein bedrohliches Schicksal dachte, blieb unter der Oberfläche seines Denkens der Druck ständiger Befürchtungen wie »Ich werde sterben«, »Ich habe Angst« oder »Das ist jetzt mein Ende«.

Kurz gesagt, Erik erlebte die konkreten Auswirkungen einer Krebsdiagnose, obwohl er noch gar nicht wusste, ob er wirklich an Krebs erkrankt war. In den acht Tagen, die er auf den Termin beim Spezialisten warten musste, litt er unter der ganz realen Qual, Krebs zu haben – obwohl er sein Schicksal noch gar nicht kannte. So viel ist klar: *Unsere Vorstellungen während des Wartens können uns ebenso viel Leid bereiten wie die reale Situation, dass das Schlimmste, was wir uns vorstellen können, wahr wird.*

Zufällig kamen Erik und seine Frau in der Mitte dieser achttägigen Prüfung zu uns zum Essen. Als uns auffiel, unter welchem Druck sie standen, fragten meine Frau und ich natürlich nach. Daraufhin erzählten sie uns völlig aufgelöst von ihrem Krankheitstrauma und brachen sogar in Tränen aus, als sie sich uns anvertrauten.

»Wie groß ist denn die konkrete Chance, dass es Krebs ist?«, fragte ich.

»Oh«, sagte Erik, »eins zu fünf – aber das macht es nicht leichter, auf das Ergebnis zu warten. Auch wenn es eins zu hundert stünde, würde mich das zum Nervenbündel machen.«

»Du bist also konfrontiert mit etwas, wovor du große Angst hast«, fuhr ich fort.

»Genau. Eine Operation ist für mich die reinste Hölle, selbst wenn sie mich retten sollte. Allein der Gedanke ist mir unerträglich.«

»Also denkst du ständig daran, dass es passieren könnte, stimmt's?«

»Würde dir das denn anders gehen?«, gab er zurück und fuhr mich dabei genauso an wie seine Studenten. »Oder hast du so viele psychologischen Tricks auf Lager, dass du keine Angst mehr vor dem Sterben hast?«

Ich atmete tief durch, statt auf seine Worte zu reagieren, denn mir war klar, dass er sich in einer extremen Lage befand. »Wir reagieren alle heftig auf Situationen wie die, in der du dich befindest«, sagte ich. »Aber wenn du möchtest, kann ich dir zeigen, wie du dein Leiden während der Wartezeit auf ein Minimum reduzieren kannst.«

»Ich habe schon alles versucht, von Alkohol bis zum Joggen. Aber ich stecke einfach bis zum Hals in diesem Schlamassel, und es ist furchtbar. Ich bin zu allem bereit – noch vier Tage muss ich Angst haben, dass ich Krebs habe ... Was kann ich tun?«

Das Wartespiel gewinnen

Eigentlich arbeite ich in meiner Freizeit nicht gerne, aber dies waren besondere Umstände und Erik war ein guter Freund. Während meine Frau den Abwasch machte, gingen wir drei in mein Arbeitszimmer und widmeten uns einem Lernprozess, den man im Grunde an sämtlichen Schulen unterrichten sollte, um den Stress des Sorgens in Situationen abzubauen, in denen wir gezwungen sind zu warten. Und da Eriks Wartesituation besonders extrem war, traf ich mich mit ihm und seiner Frau am nächsten Morgen in einer freien Stunde noch einmal, um den Lernprozess zu vertiefen.

»Dein Problem im Augenblick ist«, erklärte ich, »dass du emotional leidest, obwohl du keine körperlichen Symptome hast. Du bringst dich selbst in eine leidvolle Situation, obwohl das nicht nötig wäre. Die Angst und Qual, die du empfindest, schaden dir, ganz gleich, wie die Diagnose ausfallen mag. Und dann solltest du noch überlegen: Wenn du tatsächlich Krebs hast und der Arzt sagt, du hättest nur noch ein halbes Jahr zu leben, wie willst du diese Zeit dann verbringen? Willst du dich ständig mit der Zukunft beschäftigen und dir ununterbrochen Sorgen über deinen kommenden Tod machen oder jeden Augenblick, den du auf dieser Welt noch hast, voll und ganz leben?«

Es folgen jetzt die Schritte, die ich Erik und seiner Frau beigebracht habe. Ich habe sie so allgemein formuliert, dass Sie sie auf jede Wartesituation übertragen können, die auf Sie zukommt und in der Sie sich über die Entwicklung Ihrer Situation Sorgen machen.

1. Schritt: **Beobachten Sie, was geschieht**

Damit Sie sich von einem Wartetrauma zumindest zeitweise schnell befreien können, müssen Sie sich offen eingestehen, dass Sie von Ängsten beherrscht werden, die durch Ihre eigenen Gedanken und Vorstellungen ausgelöst wurden. Wenn Sie negative Gefühle haben und körperlich entsprechend reagieren, sollten Sie zu sich etwa sagen: »Ich mache mir wirklich Sorgen ... ich habe Angst ... dieses Warten macht mich zum Nervenbündel ...« oder Ihren augenblicklichen Zustand mit ähnlichen Worten ehrlich beschreiben.

2. Schritt: **Bringen Sie Ihre Absicht klar zum Ausdruck**

Wenn Sie erkannt haben, dass Sie auf die geradezu klassische Weise warten, sich sorgen oder Angst haben, ist es wichtig, deutlich zum Ausdruck zu bringen, was Sie gegen Ihren augenblicklichen Zustand unternehmen wollen. Möchten Sie bei Ihrer extremen Besorgnis über mögliche zukünftige Situationen bleiben oder sich zumindest für den Augenblick davon befreien und Ihre Gelassenheit zurückgewinnen?

Wenn Sie beschlossen haben, sich von Ihrer Angstattacke zu befreien, sagen Sie Folgendes zu sich: »Ich möchte aufhören, darüber nachzudenken, was mir in der Zukunft alles passieren könnte. Ich möchte den gegenwärtigen Augenblick genießen, auch wenn die Zukunft schwierig wird. Ich möchte wieder tief durchatmen und mich lebendig fühlen, und zwar sofort – ganz gleich, was die Zukunft bringt.«

3. Schritt: **Kommen Sie ganz in den gegenwärtigen Augenblick**

Nachdem Sie jetzt klar zum Ausdruck gebracht haben, dass Sie sich von Ihren Sorgen freimachen wollen, wird es Zeit, bewusst die Kontrolle zu übernehmen und den Fokus Ihrer Aufmerksamkeit so auszurichten, dass es Ihnen sofort und unmittelbar gut tut.

Da sich das Sorgen nur einstellt, wenn wir dabei an die Zukunft denken, liegt die Frage nahe, warum wir uns nicht völlig auf den gegenwärtigen Augenblick ausrichten, wo unsere Welt tatsächlich in Ordnung ist. Anders gesagt: Stimmen Sie sich auf Ihre eigene körperliche Präsenz ein, die immer ein Ausdruck des gegenwärtigen Augenblicks ist. Versuchen Sie es einmal, während ich Sie anleite:

Richten Sie Ihre Aufmerksamkeit auf den nächsten Atemzug, der in Ihre Lungen fließt ... Spüren Sie, wie die Luft durch Ihre Nase oder Ihren Mund ein- und ausströmt ... und nehmen Sie gleichzeitig die Empfindungen wahr, die durch die Bewegungen in Ihrem Brustkorb und Bauch beim Atmen ausgelöst werden ...

Als Erik diese Anweisungen bekam, stellte er natürlich fest, dass er enorm angespannt atmete – denn genau so wirkt sich

Angst auf unsere Atmung aus, wenn wir ihr die Oberhand lassen. Aber bereits nach wenigen Atemzügen begann seine Atmung sich selbst zu korrigieren und ein wenig entspannter zu werden. Emotionen kamen hoch, und das war gut. Dann stellte er fest, dass er auf fast magische Weise sofort Besserung spürte, wenn er sich auf seinen eigenen Atem konzentrierte.

Beziehen Sie jetzt in Ihre Wahrnehmung der eigenen körperlichen Präsenz im gegenwärtigen Augenblick sowohl Ihr kontinuierliches Atemerleben als auch Ihren Herzschlag oder Puls mit ein, die im ganzen Körper schwingen.

Bei Erik und auch bei seiner Frau Wendy kam in diesen ersten Momenten, in denen sie ihr Herz in Ihre Wahrnehmung aufnahmen, ein Schluchzen hoch, das sie erleichterte – und auch das war sicherlich gut! Wir müssen unsere augenblicklichen Spannungen und quälenden Emotionen spüren, wenn wir sie loslassen wollen.

Ich ließ Erik an diesem Punkt mehrmals zu sich sagen: »Ich liebe mich ...«, und dann: »Ich liebe die Welt ...« Diese einfachen Aussagen lösten noch weitere Gefühle aus und vertieften den Kontakt zu seinem Herzen. Er und seine Frau umarmten sich lange, und ich konnte fast sehen, wie ihre Seelen von der Angst, die sie gepackt hatte, befreit wurden.

Um diese »Erholung des ganzen Körpers« zu vollenden, schließen Sie jetzt Ihren Atem, Ihr Herz und Ihren ganzen Körper hier in diesem gegenwärtigen Augenblick in Ihre Wahrnehmung ein. Nehmen Sie den Raum in Ihrem Körper wahr ... vom Scheitel Ihres Kopfes bis zu den Zehenspitzen ... und sagen Sie zu sich: »Ich bin mir meines ganzen Körpers hier in diesem gegenwärtigen Augenblick bewusst.«

Diese Schritte zu beherrschen erfordert natürlich etwas Übung, aber ich konnte sehen, wie Wendy und Erik bereits bei ihrem ersten Versuch anfingen, tiefer zu atmen, sich zu entspannen, sich von ihrer ständigen Sorge zu befreien und im gegenwärtigen Augenblick zu leben, in welchem in ihrem Leben immer noch alles in Ordnung war. Sie hatten die Bedrohung, die in ihrer Zukunft lauerte, nicht beseitigt, aber sie hatten die Ganzheit des Hier und Jetzt zurückgewonnen, und das war ein sehr wichtiger Schritt.

4. Schritt: **Stellen Sie sich der Gefahr!**

Indem sie sich mit Hilfe dieser Schritte innerlich neu ausrichteten, brachten Erik und Wendy ihr Denken vorübergehend zur Ruhe. Damit war auch die beständige Angst verschwunden und sie konnten sich gegenseitig in die Augen schauen und aus ihrem Trauma aussteigen. Aber ich war noch nicht fertig. Damit die Sorgen nicht sofort wieder die Oberhand gewinnen, müssen wir uns unsere Ängste offen eingestehen und ihnen ihren Platz zuweisen, zumal sie ja real existieren.

Sprechen Sie deutlich aus, was Ihre größte Angst ist. Finden Sie unterschiedliche Formulierungen, um sich zu Ihren schlimmsten Vorstellungen offen zu bekennen und sie ans Licht zu bringen.

Erik sagte an dieser Stelle: »Ich habe Angst, dass ich sterben werde!« Und dann sagte er: »Ich habe Angst, Schmerzen zu erleiden.« Und: »Ich habe Angst um dich (seine Frau) und die Kinder, wenn ich sterben sollte.«

Und sie sagte: »Ich habe Angst, dich leiden zu sehen« und: »Ich habe Angst, allein zu sein.«

Diese Worte laut auszusprechen war für die beiden sehr wertvoll, weil sie sich endlich gegenseitig eingestanden, wovor sie am meisten Angst hatten. Sie umarmten sich erneut.

5. Schritt: **Sorgen Sie dafür, dass der gegenwärtige Augenblick lebendig bleibt!**

Mir fiel auf, dass Erik und Wendy ihre Wahrnehmung für den ganzen Körper, die sie miteinander versöhnte, bereits wieder verloren, während sie sich umarmten und miteinander sprachen. Also führte ich sie behutsam zu ihrer Atmung, ihrem Herzen, ihrem Körper zurück – und gab ihnen damit einen weiteren Schlüssel in die Hand, um den primären Fokus ihrer Aufmerksamkeit kontinuierlich auf die Sinne und weniger auf die Welt der Gedanken zu richten.

Nachdem Sie Ihre Wahrnehmung auf Ihre Atmung, Ihren Herzschlag und die Präsenz Ihres ganzen Körpers ausgedehnt haben, gehen Sie noch einen Schritt weiter und schließen auch die Luft, die Sie umgibt und die Sie einatmen, mit ein ... den Platz im Zimmer ... das Volumen, in dem alles Platz hat, im gegenwärtigen Augenblick zu atmen und zu leben ...

Erik und Wendy fühlten sich viel besser, als sie nach Hause gingen. Ich sprach noch mehrmals mit ihnen, bevor Erik den Spezialisten aufsuchte, und erfuhr in diesen Gesprächen, dass sie, wenn sie sich gegenseitig daran erinnerten, das Sorgenmonster von ihren Schultern immer wieder vertreiben konnten.

Da Erik sich extreme Sorgen um seine Gesundheit machte, packte ihn und seine Frau immer wieder die Angst. Aber sie fanden auch regelmäßig Raum zum Atmen und um sich von ihren Sorgen zu befreien. Und als Erik sich seiner Angst stellte und sich untersuchen ließ, fand man heraus, dass das Blut in seinem Stuhl tatsächlich von kleineren Hämorrhoiden stammte und nicht von einem Krebsgeschwür. Daraufhin feierten wir zusammen dieses Ergebnis.

Erkennen Sie, dass Sie die Wahl haben

Ich hoffe, dass Sie Wartesituationen wie die von Erik nur selten erleben. Aber wie ausgeprägt Ihr Wartetrauma auch ist: Sie sind auf dem Weg, eine einfache Methode zu lernen, mit deren Hilfe Sie sich von Ihrer Gewohnheit des chronischen Sorgens um Dinge befreien können, die Ihnen oder einem geliebten Menschen irgendwann widerfahren könnten.

Beispiel:
Warten auf die Rückkehr eines geliebten Menschen

Alle Eltern kennen die Angst, wenn wir spätabends auf die Heimkehr unseres Kindes warten, hoffend, dass alles in Ordnung ist, und doch befürchtend, etwas könnte passiert sein ... vielleicht etwas Schreckliches ... etwas Entsetzliches wie ein Autounfall, ein Überfall, eine Entführung ...

Ähnlich warten wir oft auch auf unseren Partner, der von einer Reise zurückkehrt, oder einen Bruder, der eine Wildwasserfahrt unternommen hat – die Beispiele ließen sich beliebig erweitern. Dazusitzen und darauf zu warten, dass jemand nach Hause kommt, kann – besonders wenn die Person zu spät kommt – enorm an unseren Nerven zerren, auch wenn die Wahrscheinlichkeit, dass wirklich etwas Schlimmes geschehen ist, gering ist. Trotzdem stehen wir gedanklich und körperlich Qualen aus. Was können wir tun? Genau das, was Sie in diesem Kapitel lesen und in den folgenden noch lesen werden.

Die mühelose Lernerfahrung: Im Idealfall werden Sie diese grundlegende Technik des Umschwenkens auf den gegenwärtigen Augenblick in den nächsten Wochen so weit beherrschen, dass die Verlagerung von der mentalen Ebene zur Erfahrungsebene – von Projektionen in die Zukunft zum augenblicklichen Wohlbefinden – fast automatisch geschieht, sobald Sie erkennen, dass Sie angespannt warten und die Gefahr besteht, in eine negative Stimmung zu verfallen. Sie werden für diesen Prozess in den folgenden Kapiteln entsprechende Anleitungen erhalten. Ich habe es mir zur Aufgabe gemacht, Sie mühelos durch den Lernprozess zu führen ... und Sie haben nichts weiter zu tun, als sich zu entspannen und zu genießen!

Wenn Sie sich diesen Prozess Schritt für Schritt aneignen, werden Sie feststellen, dass dieser erweiterte Bewusstseinszustand im gegenwärtigen Augenblick ein sehr machtvoller Seinszustand ist, in dem Sie sowohl Ihre eigene Präsenz als auch Ihre Umgebung voll und ganz wahrnehmen. Dies ist der Bewusstseinszustand aller großen Führungskräfte und auch der der Liebenden und Lachenden. Sie sind dabei im Vollbesitz Ihrer Kräfte und offen für alles, was geschehen kann. In diesem Zustand können Sie auf Ihre Umgebung spontan reagieren und auf hoher Ebene erfolgreich sein.

Wenn Sie diesen mentalen Verlagerungsprozess erst einmal beherrschen, können Sie sich mit wenigen Atemzügen vom ganzen Druck Ihrer Zukunftsprojektionen, Verpflichtungen und Sorgen vorübergehend befreien, tief durchatmen und es genießen, im gegenwärtigen Augenblick – der alle Freude und echten Erfolg im Leben birgt – bewusst zu leben.

Sie werden außerdem feststellen, dass Sie in diesem erweiterten mentalen Zustand klar denken können, Dinge intuitiv in ihrer ganzen Reichweite erfassen und sich im Einklang mit der Realität Ihrer Umgebung befinden. Dies ist die ideale Ausgangsposition, um sämtliche Wartespiele zu gewinnen, die Sie gerade spielen.

Üben Sie die grundlegenden Schritte, die ich in diesem Kapitel beschrieben habe, in den nächsten Tagen, wann immer Sie ein paar Minuten Zeit haben, und vor allem natürlich, wenn Sie warten müssen. Bringen Sie sich bei, mühelos von einem Schritt zum nächsten überzugehen, um damit Ihre Wartezeiten immer wieder von negativen in angenehme Situationen umzuwandeln.

Damit Sie sich die grundlegenden Schritte immer wieder sofort ins Gedächtnis rufen können, führe ich sie hier noch einmal auf. Indem Sie sich Ihr Stichwort oder den entsprechenden Satz selbst vorsagen, vergegenwärtigen Sie sich den vollständigen Schritt des ganzen Ablaufes:

Das Warten erleichtern: 5 schnelle Schritte

1. **Beschließen Sie, Ihre negativen Gedanken aufzugeben.**
2. **Richten Sie Ihre Wahrnehmung auf Ihren Atem.**
3. **Dehnen Sie sie auf Ihr Herz aus.**
4. **Schließen Sie die Präsenz Ihres ganzen Körpers mit ein.**
5. **Machen Sie sich bereit, mit Ihrer Umgebung freundlich Kontakt aufzunehmen.**

Prägen Sie sich diese Abfolge ein, eignen Sie sie sich an. Damit beginnt Ihre Reise auf dem geheimen Pfad, der Sie von negativen Gefühlen beim Warten wie Ungeduld, Sorge, Ärger und Frustration befreit und zu dem Wohlbefinden und den Möglichkeiten führt, die der gegenwärtige Augenblick bereithält.

2
Machen Sie aus dem Warten eine Erholungskur

Erik war glücklich. Er wusste, dass er zu lange unter Stress gestanden hatte und sein Körper unter dieser Last zusammenbrechen konnte. Der positive Anstoß seines achttägigen Wartens bestand darin, dass er, als er erfuhr, dass er keinen Krebs hatte, schnell begann, sein Leben zu verändern, um mehr im Augenblick zu leben, glücklich darüber, weiterleben zu dürfen, und sich weniger Sorgen über die Zukunft zu machen. Wir können aus solchen Erfahrungen immer etwas lernen.

In diesem Kapitel möchte ich Ihnen zeigen, wie wir unsere verschiedenen Wartesituationen ideal nutzen können, etwas für unsere Gesundheit und unser generelles Wohlbefinden zu tun. Statt täglich zehn, zwanzig Mal frustriert oder ärgerlich auf unvermeidliche Wartesituationen zu reagieren, können diese kurzen Pausen in unserem hektischen Leben tatsächlich ein Segen sein.

Ein früherer Freund aus San Francisco, ein kluger, erfolgreicher Mann, leitender Geschäftsführer bei Shell und Vater von zwei wunderbaren Söhnen, gehörte zu den Menschen, die ständig unter Strom stehen. An seinen freien Tagen segelte, wanderte und tauchte er, empfing Gäste in seinem Haus in der

Bucht von Sausalito, und bei der Arbeit war er mit vollem Einsatz zehn Stunden am Tag aktiv, als wäre das nichts. Natürlich stand er ständig unter extremem Stress, aber er trug die Last seiner Aufgaben mit Haltung, ernährte sich gut, trank wenig und schien den amerikanischen Traum voll auszuleben. Bis er eines Tages mit heftigen Magenschmerzen den Arzt aufsuchte und drei Wochen später an Magenkrebs starb.

Beim Nachdenken über Jack könnte man zu dem Schluss kommen, dass er sich im Alter von 43 Jahren buchstäblich selbst ausgebrannt hatte. Er war ein Mann, der ständig mit Volldampf vorausging. Ich lernte ihn kennen, weil sein Sohn in der High-School auffällig wurde und zu mir in die Therapie geschickt wurde. Das grundlegende Problem des Sohnes bestand darin, dass sein Vater sich niemals lange genug Zeit nahm, um wirklich auf ihn einzugehen. Alles wies darauf hin, dass Jack ein getriebener Mensch war. Er hatte ein großes Herz und es war ein Vergnügen, mit ihm zusammen zu sein, aber er konnte niemals innehalten, um tief durchzuatmen, sich zu entspannen und irgendjemandem mitzuteilen, was wirklich in ihm vorging, nicht einmal seiner Frau, wie sich zeigen sollte. Sie hatte ihn ein Jahr, bevor er starb, verlassen.

Ich erzähle diese wirklich tragische Geschichte hier, weil Jack ein extremes Beispiel für viele von uns ist, die ständig durch den Tag hetzen – ohne regelmäßige Pausen, in denen unsere Seele auftankt und sich unser Körper erholt. Und wir alle müssen die Warnung beachten, die Jacks Schicksal enthält: Wenn wir in unserem Leben nicht regelmäßig innehalten, uns entspannen, eine Verschnaufpause einlegen und uns der emotionalen Herzensebene des Lebens zuwenden, wird unser Licht wahrscheinlich schnell herunterbrennen und früh verlöschen. Jacks Arzt brachte das später auf den Punkt, als er zu mir sagte: »Nun, wenn es nicht Krebs gewesen wäre, dann ein

Herzanfall aufgrund seines hohen Blutdrucks – wir können nicht ständig über unsere Grenzen leben.«

Das Missliche an unserem modernen Lebensstil ist zweifellos, dass wir einfach immer weitermachen und fast ständig aktiv und geschäftig sein müssen, um die täglichen Aufgaben unseres komplexen Alltags zu bewältigen. Es ist verflixt schwer, sich auch nur eine Stunde pro Tag freizuhalten, um sich einfach zu entspannen und zurückzulehnen – viele Menschen versuchen es, oft auf ärztlichen Rat hin. Aber nur wenigen gelingt es.

Ob es uns gefällt oder nicht, wir sind eine getriebene Gesellschaft, ständig unter Druck, noch mehr zu tun, uns noch mehr anzustrengen und jeden Augenblick unseres Tages mit Aktivität statt mit Entspannung zu füllen. Wir wissen zwar, dass wir regelmäßig etwas freie Zeit brauchen, um uns zu sammeln und neu aufzutanken. Aber es scheint oft, als hätten wir keine einzige freie Minute.

Deswegen ist ein Buch wie dieses generell so wichtig für alle von uns, die wir in der immer schneller werdenden Hetzjagd gefangen sind, welche wir das normale Leben nennen: Selbst in unseren übervollen Tagen gibt es regelmäßig kurze Zeitspannen, in denen wir innehalten *dürfen*, weil wir auf etwas oder jemanden warten und nicht weitermachen können oder uns anderen Dingen zuwenden müssen.

Ich kann gar nicht oft genug wiederholen, dass die Notwendigkeit zu warten in unserem Leben ein wahrer Segen ist. Wenn wir aufgrund unserer Konditionierungen beim Warten ständig Stress empfinden, hat das natürlich negative Folgen. Aber sobald wir anfangen zu begreifen, dass jede Wartesituation eine kurze, aber sehr wirkungsvolle Gelegenheit ist, eine Verschnaufpause einzulegen, erweiterte Bewusstseinszustände zu erlangen und uns kurzfristig mit unserem tieferen spirituellen Selbst zu verbinden, dann wird jede neue Wartesituation tatsächlich zu unserem besten Freund.

Und diesen besten Freund brauchen wir nirgendwo dringender als für unsere Gesundheit. Die medizinische Tatsache, dass »Stress uns umbringt«, ist inzwischen allgemein akzeptiert. Wenn wir ständig auf Aktivität getrimmt sind und zu unserer körperlichen Anspannung noch emotionaler Stress hinzukommt, baut unser Körper immer mehr ab, bis uns die eine oder andere Krankheit erwischt.

Wir wissen um diese medizinischen Fakten – aber was tun wir tagtäglich, um den Stress in unserem Leben abzubauen?

Lassen Sie es mich einmal so ausdrücken: Wenn Ihnen jemand ein kostenloses Programm anbieten würde, mit dem Sie Ihren körperlichen und emotionalen (und spirituellen) Stress innerhalb der nächsten zwei Wochen ohne jeden zusätzlichen Zeitaufwand um 30 Prozent reduzieren könnten, würden Sie dann Ja sagen? Sind Sie wirklich bereit und begierig darauf, etwas zu unternehmen, um mehr Vitalität, Gesundheit und Freude in Ihr Leben zu bringen und es zu verlängern?

Mehr Zeit für Erholung

Ich schlage Ihnen die folgende aufmunternde Parole zum Thema »lebendig bleiben« vor, damit Sie dieses von jetzt an immer vor Augen haben:

Machen wir aus dem Warten eine Erholungskur!

Erholung bedeutet in diesem Zusammenhang, Ihr Möglichstes zu tun, um gesünder zu werden und das lebendige Gefühl jugendlicher Vitalität und Flexibilität zurückzugewinnen, das Sie in früheren Jahren besaßen, aufgrund der Auswirkungen, den der chronische Stress auf Körper, Geist und Seele hatte, aber verloren haben. In diesem Kapitel wollen wir herausfinden, wie wir verschiedene Situationen und Techniken für unsere Gesundheit nutzen und regelmäßig Stress abbauen können – sowohl bei der Arbeit als auch in sämtlichen anderen Lebensbereichen.

Wenn Sie zum Beispiel in der sprichwörtlichen Warteschlange stehen, sagen Sie sich: »Aus dem Warten eine Erholungskur machen!« Wenn Sie um halb sieben abends im Wagen sitzen und sich der Verkehr zäh wie im Sumpf bewegt, denken Sie daran, dass dies die beste Zeit ist, um Ihre neue Parole zu üben!

Eine wichtige Schreibübung

Hier mein erster Vorschlag, um dieses möglicherweise lebensrettende Erholungsprogramm in Ihren Tagesablauf einzubauen: Beginnen Sie ab sofort darauf zu achten, wie oft Sie am Tag von einer halben bis zu drei Minuten warten und nichts anderes tun können, weil Sie jederzeit bereit sein müssen, mit der Aktivität fortzufahren, die Sie zu unterbrechen gezwungen waren. Fertigen Sie am besten eine schriftliche Liste dieser Situationen an, auf der Sie festhalten, wie viel Zeit Sie täglich mit kurzfristigem Warten verbringen.

Carpe diem

Ich habe einmal ein Jahr als Austauschschüler in Südafrika verbracht, wo ich eine strenge britische Schule besuchte, deren Motto lautete: *Carpe diem*. Auf Deutsch heißt das: »Nutze den

Tag!« In der Schule wurde dies als Schlachtruf so interpretiert, dass wir jede Gelegenheit ergreifen sollten, um in der Welt voranzukommen.

Meine Interpretation lautet, dass wir jeden freien Moment nutzen sollten, um den chronischen Stress in unserem Leben abzustreifen, damit wir freier atmen, klarer denken, unser Herz immer wieder öffnen und uns regelmäßig auf unser tieferes Wesen einstimmen können.

Wie oft haben Menschen im Durchschnitt die Möglichkeit, kurzfristig zu warten, um Luft zu holen und ihre Seele zu erfrischen?

Zeitmanagement-Statistiken auf der Grundlage von Forschungen über Menschen bei der üblichen Büroarbeit (telefonieren, fotokopieren, Kaffee kochen, am Computer arbeiten, Konferenzen besuchen usw.) zeigen, dass wir bei der Arbeit im Durchschnitt täglich zehn bis fünfzehn solcher kurzfristigen Wartepausen erleben und weitere fünf bis zehn auf dem Weg nach Hause, beim Einkaufen und zu Hause.

Daraus ergibt sich zumindest jede halbe Stunde eine Gelegenheit, »den Tag zu nutzen«, wenn wir den Vorteil von Wartezeiten verwerten, statt sie wutschnaubend und angespannt über uns ergehen lassen.

In gewisser Weise sieht es so aus, als habe Gott unser Leben so gestaltet, dass wir zumindest zweimal stündlich Gelegenheit bekommen, unsere chronische Hetze zu unterbrechen, um Atem holen, uns auf unser ganzes Wesen einstimmen und unserem Körper eine notwendige Pause gönnen zu können.

In einer Minute angenehm auftanken

Die Schlüsselfrage lautet hier natürlich: Wie können wir diese kurze Freizeit anders gestalten als bisher? Wie können wir *den Tag* konkret *nutzen*? Ich möchte Ihnen im Folgenden eine typische Wartesituation am Arbeitsplatz beschreiben und Ihnen dann zeigen, wie Sie hier vorgehen können. Nehmen Sie sich die Freiheit, diese Szene durch eine Ihrer eigenen üblichen Wartesituationen zu ersetzen:

Sie sind morgens gerade im Büro eingetroffen, haben Ihren Computer eingeschaltet und warten darauf, dass er sein Hochfahren beendet. Es gibt für Sie im Grunde nichts weiter zu tun – Sie warten. Vielleicht haben Sie sich abgehetzt, um pünktlich zu sein, Sie sind im Stress, atmen flach, sind emotional etwas durcheinander und im Kopf noch nicht ganz klar. Sie sitzen also ungeduldig an Ihrem Schreibtisch und warten darauf, dass Ihr Computer bereit ist – oder?

Ich möchte Ihnen helfen, eine solche Carpe-diem-Situation von Anfang an zu erkennen – und die Gelegenheit beim Schopf zu packen. Wenn Sie sich die Zeit genommen haben, eine Liste Ihrer täglichen Wartesituationen anzufertigen, wie ich es oben vorgeschlagen habe, wissen Sie bereits, wann eine solche Wartesituation ansteht.

Wenn Ihnen erst einmal klar ist, dass Sie warten, besteht der erste Schritt immer darin, sich Ihre augenblickliche körperliche und emotionale Verfassung bewusst zu machen. Richten Sie Ihre Aufmerksamkeit auf Ihren Atem und spüren Sie nach, wie Sie sich im ganzen Körper fühlen.

Wenn Sie bereits entspannt sind und sich geistig und spirituell wach fühlen – großartig. Dann ignorieren Sie das Folgende und fahren einfach mit dem fort, was für Sie im Moment gerade ansteht.

Aber wenn dieser prüfende Blick auf Ihre körperliche und emotionale Verfassung Ihnen zeigt, dass Ihr Atem flach und angespannt geht, Ihr Körper verkrampft und sich taub anfühlt sowie Ihre Gefühle ein einziges Durcheinander sind, dann ist es Zeit, nett zu sich selbst zu sein, indem Sie diese eine kostbare Minute Wartezeit nutzen, um wieder in Ihre emotionale und spirituelle Mitte zu kommen.

(Beachten Sie bitte, dass ich, wenn ich von »Spiritualität« spreche, keine Religion oder eine bestimmte religiöse Einstellung meine. Ihr spiritueller Zustand bedeutet für mich Ihre Verbindung mit den tieferen menschlichen und göttlichen Ebenen, mit denen Sie in Ihrem Leben bereits in Kontakt gekommen sind und die Sie für am wichtigsten halten. Wenn ich von Ihrer spirituellen Mitte spreche, gehe ich nicht von meiner spirituellen Wahrheit aus, sondern möchte Sie auf Ihre verweisen.)

Wieder lautet die Frage: Was können Sie in nur einer Minute tun, um körperlich aufzutanken, Ihre Seele zu erfrischen, Ihre Stimmung aufzuhellen und klarer zu denken? Wie können Sie sich in etwa sechs Atemzügen, die sich zu einer Minute Ihres Leben addieren, von Grund auf erholen?

Sie kennen die einleitenden Schritte bereits aus dem ersten Kapitel. Sie werden die Kraft Ihrer Wahrnehmung benutzen, um den Fokus Ihrer Aufmerksamkeit direkt auf Ihr eigenes Atemerleben zu richten, und sich fast sofort auf Ihre eigene physische, emotionale (und spirituelle) Präsenz einstimmen. Erlauben Sie mir, Sie noch einmal durch den gesamten Prozess zu leiten, so dass er allmählich zu Ihrer zweiten Natur wird. Dabei möchte ich Ihnen einen speziellen Trick vorstellen, der diese Technik noch wirkungsvoller macht.

Sechs magische Worte

Der besondere Trick besteht in diesem Fall in einer scheinbar magischen Methode, mit der Sie die Gedanken, die Stress auslösen, sofort zum Stillstand bringen, indem Sie sich einige Schlüsselworte sagen, die in Ihnen eine positive Reaktion auslösen. Es gibt ganze Bücher über psychologische Theorien und Untersuchungen zu diesem Thema, aber wir brauchen diesen theoretischen Hintergrund nicht, um die »Magie« für uns zu nutzen. Ich möchte Ihnen also nur ein Minimum an notwendigen Erläuterungen geben, damit Sie verstehen, warum das Ganze funktioniert.

Wir haben bereits gesehen, dass der chronische Stress in unserem Körper hauptsächlich durch unsere eigenen inneren Einstellungen ausgelöst wird. An erster Stelle ist es der beständige Fluss besorgter Gedanken, der ängstliche Emotionen provoziert, die wiederum die physiologische Reaktion der Anspannung auslösen, welche unsere Gesundheit beeinträchtigt. Wir müssen also diesen üblichen Fluss von Gedanken, die Spannung erzeugen, Tag für Tag immer wieder stoppen und diese Gedanken durch solche ersetzen, die sofort positive Reaktionen in unserem Geist, unserem Körper und unserer Seele bewirken.

> An diesem Punkt kommen uns die Schlüsselworte zu Hilfe. In psychologischen Untersuchungen ist immer wieder belegt worden, dass bestimmte Worte, die wir zu uns sagen, sofort eine ganze Reihe von Assoziationen in uns in Gang setzen. Diese Assoziationen stimulieren wiederum Erinnerungen und körperliche Reaktionen, die mit dem Wort zusammenhängen, das wir uns sagen.

Wenn Sie zum Beispiel mehrmals das Wort »Gewalt« zu sich sagen und es in Ihr assoziatives Denken aufnehmen, lösen Sie eine ganze Reihe erschreckender Assoziationen aus – Bilder, Erinnerungen, Phantasien –, welche emotionale Reaktionen wie Furcht, Abscheu, Ärger usw. bewirken. Und auf der physischen Ebene zieht dieser emotionale Aufruhr sofort entsprechende negative Reaktionen nach sich, die sich im ganzen Körper bemerkbar machen.

Allein dadurch, dass Sie ein paar Mal das Wort »Gewalt« zu sich sagen, schwenkt Ihr ganzes Wesen in eine negative Richtung um – und darin zeigt sich die Macht von Schlüsselworten. Aus diesem Grund erzeugen negative Gedanken wie ständige Sorgen um die Zukunft, die Ihnen den ganzen Tag durch den Kopf gehen, chronischen Stress und Angst in Ihrem Körper. Genau das wollen wir hier zum Besseren wenden – indem wir Feuer mit Feuer bekämpfen!

Wir werden lernen, in einer typischen Minuten-Pause mit sechs Atemzügen mit jedem neuen Atemzug ein positives statt ein negatives Schlüsselwort zu verbinden. Ich könnte noch länger darüber sprechen, wie diese Schlüsselworte auf magische Weise wirken, aber statt noch mehr Worte zu verlieren, wollen wir zur Tat schreiten und selbst Erfahrungen mit den guten Neuigkeiten machen.

Entspannen in sechs Atemzügen

Wie die meisten Menschen stehen Sie mehr oder weniger unter Stress, was bedeutet, dass Sie pro Minute etwa sechsmal ein- und ausatmen. Wie wäre es also mit einer Meditation, bei der Sie mit etwa sechs Atemzügen von Grund auf zu neuen Kräften gelangen? Wenn Ihr Warten ein Ende findet, bevor Sie sechsmal durchgeatmet haben, soll das auch kein Problem sein. Bereits mit dem ersten Atemzug der Meditation leiten Sie eine positive Veränderung ein; und wenn Sie mehr Zeit haben, können Sie noch weitere angenehme Schritte tun, um sich schnell besser zu fühlen. Sie stehen also nicht unter Zeitdruck, diesen Prozess des Atemholens und Neuauftankens zu Ende bringen zu müssen. Genießen Sie mit jedem neuen Atemzug und jedem neuen Schlüsselwort, was Sie erleben ...

Erster Atemzug: Schließen Sie zuerst einmal die Augen, wenn Ihnen das angenehm ist, und rufen Sie sich genau ins Gedächtnis, was Sie vorhaben. Machen Sie sich noch einmal bewusst, dass Sie Ihrem ganzen Wesen während des Wartens etwas Gutes tun wollen, dass Sie zu neuen Kräften kommen wollen, dass Sie sich entspannen und länger leben wollen!

Beim Einatmen lassen Sie also die Absicht, sich zu entspannen, tief in sich einsinken. Und beim Ausatmen sagen Sie zu sich: *»Entspanne dich!«*

Zweiter Atemzug: Mit dem zweiten der sechs Atemzüge wird es Zeit, Ihre Aufmerksamkeit auf den erstaunlichsten Leben spendenden Prozess zu richten – den Atem selbst, diese rhythmische Aktion des Ein- und Auspumpens, die mit Ihrem Eintritt in diese Welt begann und mit Sicherheit enden wird, wenn Sie diese wieder verlassen. Wir haben bereits angefangen, das zu lernen.

Wenn Sie zum zweiten Mal einatmen, sagen Sie zu sich: *»Atem!«* und geben Ihrer Aufmerksamkeit mit dem Aussprechen dieses Wortes die Anweisung, sich auf die Luft, die in diesem Augenblick durch Ihre Nase ein- und ausströmt, und die Bewegungen in Ihrem Brustkorb und Bauch beim Atmen zu konzentrieren.

Dritter Atemzug: Mit dem dritten Atemzug erweitern Sie Ihre Wahrnehmung dahin gehend, dass sie sowohl Ihren Atem als auch Ihren Herzschlag oder Puls einschließt, zwei Vorgänge, die gleichzeitig in Ihnen ablaufen.

Um Herz und Atem zu vereinen und Ihre Aufmerksamkeit ungeteilt auf das Zentrum von Liebe und Mitgefühl in Ihrem Körper zu richten, sagen Sie einfach zu sich: *»Herz!«* und lassen zu, dass Ihre Wahrnehmung Atem und Herz gleichzeitig umfasst. Vielleicht fällt Ihnen das zunächst schwer, aber wenn Sie diesen Ablauf erst ein paar Mal geübt haben, wird er zu Ihrer zweiten Natur.

Beachten Sie, dass es Ihnen jetzt gelungen ist, mit nur drei Atemzügen Ihre innere Ausrichtung vom chronischen Gedankenfluss und von kopflastigen Überlegungen zur entspannten Konzentration auf Ihren Atem und das Zentrum des Mitgefühls in Ihrem Körper zu lenken ... Gut gemacht!

> Die wahre Magie besteht darin, dass Ihr Atem, sobald Sie sich auf ihn konzentrieren, tiefer geht und sich zu entspannen beginnt. Diese Entspannung weitet sich dann allmählich auf Ihr ganzes Wesen aus. Und sowie Sie Ihr Herz wahrnehmen (darüber später noch mehr), kommen Sie in Kontakt mit der umfassenden Macht der Liebe, die allem Leben zugrunde liegt.

Vierter Atemzug: Wenn Sie zum vierten Mal einatmen, wird es Zeit für feine Bewegungen Ihres Körpers, die Ihnen helfen, sich sofort Ihrer ganzen physischen Präsenz bewusst zu werden. Dazu dehnen Sie Ihre Wahrnehmung, während Sie atmen, auf Ihre Wirbelsäule und Ihr Becken aus. Lassen Sie zu, dass Ihr Körper sich beim Einatmen leicht bewegt – biegen Sie Ihren Rücken durch, setzen Sie sich aufrechter hin und füllen Sie Ihre Lungen ganz mit Luft! Seien Sie sich Ihres ganzen Körpers bewusst, wie er sich aufrichtet, einatmet, weitet ...

Und beim Einatmen sagen Sie zu sich: »Der ganze Körper!«, oder: *»Ich bin mir meines ganzen Körpers hier in diesem Augenblick bewusst!«*

Um schließlich ganz »aufzuwachen«, ziehen Sie beim vierten Ausatmen behutsam Ihre Bauchmuskeln zusammen und werden immer leerer, demütiger, stiller – bis Sie am Grund Ihres vierten Atemzugs angekommen sind und einen Augenblick völlig still, bewegungslos und leer bleiben – und mit sich in Frieden sind ...

Fünfter Atemzug: Mit dem fünften Einatmen dehnen Sie Ihre Wahrnehmung jetzt so aus, dass Sie sowohl Ihre innere als auch Ihre äußere Welt umfasst. Dazu öffnen Sie Ihre Augen und atmen bewusst die Luft des Raumes ein, in dem Sie sich befinden – stimmen Sie sich ein auf das Volumen des Raumes, sehen Sie alles auf einmal.

Beim Ausatmen sagen Sie innerlich *»Hallo!«* zum Raum und zu den Menschen, die Sie umgeben, und schließen die Außenwelt in Ihre erweiterte Wahrnehmung ein. Lassen Sie zu, dass Ihre innere, im Herzen zentrierte Präsenz nach außen in den Raum fließt – so wie die Luft, die Sie ausatmen, sich nach außen verbreitet und Ihre Umgebung mit Ihrer Herzenspräsenz füllt. Jetzt sind sie ganz hier!

Sechster Atemzug: Beim sechsten Atemzug dieser bemerkenswerten Erfahrung, die nur eine Minute dauert, entspannen Sie sich einfach, erlauben dem Atem, mühelos zu kommen und zu gehen, und sagen zu sich *»Frieden!«* ... und sind ... einfach präsent ... denken an nichts ... Es gibt keine Aktivitäten, nur ein totales Sein mitten in der wie auch immer geschäftigen Realität, in der Sie sich befinden ...

Eine winzige Minute Ihres Lebens, eine kurze Wartesituation, verwandeln Sie so in den vielleicht besten, wichtigsten Augenblick Ihres ganzen Tages. Beachten Sie dabei, wie mühelos der Prozess verläuft und welche Freude es ist, sich ihm zu überlassen. Sie brauchen dazu lediglich die anfängliche Entschlossenheit sowie den Mut, mit Ihren üblichen Gewohnheiten zu brechen und neue Schritte zu gehen, die Ihrem ganzen Leben eine positive Ausrichtung geben können.

Ich wünschte bei Gott, ich hätte damals einen Weg gefunden, mit Jack über all das zu sprechen, aber er schenkte mir niemals auch nur einen Augenblick, um solche Dinge zu erläutern. Wenn das der Fall gewesen wäre, wäre er vielleicht heute noch hier, um sich eine weitere Minuten zum Atmen und Auftanken zu gönnen ...

Frieden

Hallo

Der ganze Körper

Herz

Atmen

Entspannen

Hier nochmals der Prozess in Kurzform:
Ihre Aufgabe besteht nun darin, sich diesen Ablauf einzuprägen und ihn vielleicht zehn-, fünfzehnmal zu üben, bis Sie ihn auswendig können. Das braucht etwas Zeit, diese sollten Sie sich aber auch nehmen. Benutzen Sie die Anleitungen in diesem Buch, lesen Sie sich die Schritte auf den vorigen Seiten mehrmals durch und wiederholen Sie die Übung, bis Sie sich diese als neue Gewohnheit eingeprägt haben. Wir verschicken auch englischsprachige CDs und Kassetten mit diesen Anweisungen und bieten ein Internet-Training an, wenn Sie nach dem Lesen dieses Buches noch weitere Anleitung wünschen. Näheres dazu finden Sie auf Seite 227.

Vom allmählichen Fortschritt zum sofortigen Erfolg

Wenn Sie die Technik des inneren Umschwenkens verinnerlicht haben und beherrschen, werden Sie feststellen, dass der lineare Ablauf des Prozesses der sechs Atemzüge, den wir Schritt für Schritt verfolgen, sich in den nächsten Wochen an irgendeinem Punkt plötzlich in ein spontanes Geschehen verwandelt.

Jedes Mal, wenn Sie erkennen, dass Sie sich in einer »Carpe-diem-Situation« befinden und sich innerlich auf Ihren nächsten Atemzug konzentrieren – wunderbar! Sobald Sie sagen: *»Entspanne dich!«*, werden Sie den gesamten Ablauf auslösen und gleich mit dem ersten Einatmen Ihren Körper als Ganzen wahrnehmen.

Sie werden sich sofort Ihres Atemerlebens bewusst, Ihres Herzschlags oder Pulses, der im ganzen Körper schwingt, Ihres Gleichgewichtssinnes und des gesamten organischen Volumens in Ihrem Körper. Und beim Ausatmen erlangen Sie eine erweiterte visuelle Wahrnehmung des Raumes in dem Zimmer, in dem Sie sich gerade befinden. Sie »sehen alles auf einmal«, statt sich auf Einzelheiten zu fixieren. Sie befinden sich – auch an Ihrem Arbeitsplatz – in einem erweiterten spirituellen Bewusstseinszustand.

Wenn wir schon einmal dabei sind, lassen Sie mich Ihnen einen ersten Hinweis auf einen Punkt geben, den wir in einem späteren Kapitel gründlicher erarbeiten werden, wenn es darum geht, wie Sie sich mit Hilfe dieser Atemmeditation in wirklich erstaunliche und kreative Bewusstseinszustände versetzen können, ganz gleich, wo Sie sich gerade befinden.

Nachdem Sie *»Frieden!«* zu sich gesagt haben, steht Ihnen vielleicht noch einige weitere Atemzüge lang Wartezeit zur Verfügung. Was können Sie dann tun?

Warum nicht die intuitive Muse anrufen und sich an einen Strom überraschender Einsichten anschließen, die Sie bei Ihrer augenblicklichen Aufgabe oder anderen Themen, die Ihnen gerade wichtig sind, unterstützen? Erinnern Sie sich noch an die störenden Sorgen, denen Sie soeben Einhalt geboten haben? Wie wäre es, wenn Sie sich jetzt wieder auf Ihre Arbeit konzentrieren würden, diesmal aber mit einer offeneren, entspannteren, intuitiv-inspirierten Haltung?

Um offen zu sein für spontane Einsichten und sich einer höheren Führung hinzugeben, sagen Sie die folgenden wirkungsvollen Schlüsselworte zu sich, während Sie sich Ihres Atems und der Präsenz Ihres ganzen Körpers bewusst bleiben (denken Sie daran, dass der ganze Prozess unterbrochen wird, wenn Sie die Aufmerksamkeit für Ihren Atem verlieren):

»Ich bin offen zu empfangen ...«

Durch das Aussprechen dieser einfachen Worte verändert sich Ihr Bewusstsein unmittelbar und öffnet sich für Ihre höhere Wahrnehmung und Ihre intuitiven Fähigkeiten, so dass Sie tatsächlich Einsichten für die an diesem Tag anstehenden Aufgaben empfangen können.

Sie haben sich mit diesem Prozess nicht nur entspannt und Ihr ganzes Wesen auf gesunde Weise neu belebt. Indem Sie Ihr körperliches Wohlbefinden positiv unterstützen, haben Sie auch eine höchst kreative Haltung gefördert.

Auf die »Echtzeit« umschwenken

Aber Moment mal – erlaubt Ihr Chef Ihnen, sich solche Minutenpausen zu gönnen? Ist er einverstanden damit, dass Sie beim Warten Ihre Augen schließen und sich in diesen erweiterten Bewusstseinszustand begeben?

Nun, welchen Arbeitgeber könnte es schon stören, wenn seine Angestellten plötzlich mitfühlender, geistig wacher, intuitiver und kreativer werden? Wenn sie ausgeglichen sind und mehr Energie haben? Diese Zeit wäre sowieso »verschwendet« gewesen – und Sie haben sie in Gold verwandelt. Sie sind zum magischen Zeitmanager geworden!

Und was, wenn Sie selbst die Chefin oder der Chef sind und diese Wartemeditation der sechs Atemzüge ab jetzt bei der Arbeit regelmäßig einsetzen? Was passiert dann mit Ihnen?

Die Vorteile sind eindeutig und psychologisch voraussagbar: Als Erstes nehmen Sie sofort bewusster wahr, was in Ihrer Firma vor sich geht. Statt sich in chronische Gedanken und Sorgen über Vergangenheit und Zukunft zu verstricken, stimmen Sie sich auf den jetzigen Augenblick ein, wo im Geschäftsleben die wirklichen Veränderungen stattfinden. Sie werden jeden Mitarbeiter bewusst wahrnehmen und Sie können mit jedem Einzelnen Kontakt auf der Herzensebene herstellen, was wiederum die kollegiale Loyalität und die Teamarbeit beflügelt. Und damit wird sich auch Ihr Blutdruck beruhigen und der allgemeine Stress abnehmen, so dass Sie sich bei der Arbeit gut fühlen, Ihren Tag genießen und sich auf dem Weg nach Hause, nun, wie erholt fühlen.

Die Fähigkeit, vom Sich-Sorgen auf eine positive innere Haltung umzuschalten, bringt noch einen weiteren großen Vorteil mit sich, auf den wir im nächsten Kapitel ausführlich eingehen werden. Wie Regis McKenna in seinem neuen Buch *Real Time Marketing* einleuchtend erklärt, erledigen Computer viele Aufgaben unserer Arbeitswelt mit hoher Geschwindigkeit, indem sie einen sofortigen Datenaustausch ermöglichen und zeitliche Verzögerungen durch die kommunikative »Feedbackschleife« ausschließen.

Unser Denken hat jedoch den Schwenk, den unsere äußeren Kommunikationsnetzwerke gemacht haben, nicht unbedingt mit vollzogen. Genauer gesagt, wir sind die meiste Zeit über immer noch im schwerfälligen deduktiven Denken befangen, statt regelmäßig zu einem spontanen Denken überzugehen, zu dem wir eigentlich fähig sind – zur bemerkenswerten und zugleich mysteriösen Funktion der rechten Gehirnhälfte, die wir als »induktiv« oder »intuitiv« bezeichnen.

Da unsere Computer uns ständig drängen, schneller zu denken, als es unserer linken, deduktiven Gehirnhälfte möglich ist, leidet die gesamte Arbeitswelt im Augenblick an einem unsichtbaren Stress, der ernsthaft an unseren Kräften zehrt. Dagegen muss etwas unternommen werden, wenn wir uns nicht vom zunehmenden Kommunikationsdruck unterkriegen lassen wollen.

Eine neue und äußerst aufregende Entdeckung ist die, dass dieser scheinbar so simple Prozess des inneren Umschwenkens in sechs Atemzügen Ihre geistige Ausrichtung von der deduktiven auf die intuitive Ebene verlagert – in einer Minute oder noch kürzerer Zeit. Die psychologische Entdeckung lautet: *Wenn Sie den Fluss deduktiver Gedanken zur Ruhe bringen und auch nur einen Augenblick lang still werden, wird Ihr intuitives Denken sofort aktiviert.*

Zu Beginn Ihrer Warteminute sind Sie im linearen Denken gefangen, das sich immer auf einzelne Details konzentriert. Am Ende Ihrer Meditation der sechs Atemzüge sind Sie dazu übergegangen, »alles auf einmal zu sehen«, und haben sich Ihre Intuition voll erschlossen. Wenn Sie sich innerlich direkt darauf einstellen, sich für intuitive Einsichten zu öffnen, indem Sie sagen: *»Ich bin offen zu empfangen«*, gehen Sie mit ziemlicher Sicherheit zur mentalen Ebene der »Echtzeit« über.

Das bedeutet, Sie gehen aus Ihrer Minutenpause mit beträchtlich erweiterten mentalen Fähigkeiten hervor. Ganz gleich, welche Aufgabe Sie gerade zu bewältigen haben, Sie werden Zugang zu spontanen Erkenntnisblitzen haben, die Ihre Arbeitsleistung fördern. Außerdem haben Sie gelernt, sich von dem heimtückischen Computerdruck freizumachen, unter dem jeder in Ihrer Umgebung leidet. Sie haben einen wichtigen Schritt getan, um einem grundlegenden Dilemma der modernen Zeit zu entgehen.

Und wenn wir länger warten müssen?

Wir haben jetzt begonnen, die wichtigsten Schritte für die Befreiung von kurzfristigen Wartezwängen zu lernen. Und dies wäre kein besonders dickes Buch, hätten wir es in unserem Leben immer nur mit kurzen Wartezeiten zu tun. Vielleicht würden wir dann ein solches Buch gar nicht brauchen, weil unser Leben insgesamt ziemlich einfach, fröhlich, positiv und ohne nennenswerte Sorgen verliefe. Wenn wir immer nur kurz warten müssten, wäre das Leben vielleicht das Paradies auf Erden.

Aber es gibt diese langen Wartezeiten und die entsprechenden Sorgen nun einmal. Jeder von uns trägt die Last, in seinem Leben ständig auf zwei, drei oder sogar noch mehr Dinge zu warten. Und diese langfristigen Wartezwänge sind die eigentliche Quelle körperlichen Stresses und gesundheitlicher Krisen in unser aller Leben.

Und genau da liegt der Hase im Pfeffer: Unsere Fähigkeit, Gedanken und Wünsche in die Zukunft zu projizieren und uns bestimmte Ziele vorzustellen, die wir erreichen wollen, eine klare Absicht zu formulieren und dann die unvermeidliche Wartezeit auf uns zu nehmen, um zu sehen, ob wir an unser Ziel gelangen, dies ist natürlich unser größtes kreatives Potenzial – und *die* treibende Kraft unserer Zivilisation. Wenn wir nicht auf etwas warten und den manchmal quälenden Stress nicht ertragen könnten, eine sofortige Befriedigung in der Hoffnung auf einen weitaus größeren zukünftigen Gewinn aufzuschieben, wäre unser Leben ziemlich einfach – aber auch ohne große Freuden.

Und sehr oft kann es sogar eine große Freude sein, auf etwas oder jemanden zu warten – den Augenblick, in dem unsere Geliebte uns in die Arme schließt, ein großes Fest, zu dem wir eingeladen sind, den dringend benötigten Urlaub oder den Abschluss eines wichtigen Arbeitsvertrags. Wir alle sind in unserem Leben immer wieder auf den Adrenalinstoß aus, den uns aufgeregte Vorfreude versetzt.

Aber das Wartespiel hat auch eine Schattenseite, wie wir ebenfalls aus persönlicher Erfahrung wissen: die quälende

Frustration und Angst, wenn wir lange unfreiwillig warten müssen, oft ohne das Ergebnis des Wartens beeinflussen zu können, so dass wir uns ständig Sorgen machen, während wir auf den Höhepunkt unseres Wartedramas zusteuern. Ganz gleich, wie sehr wir uns nach Erfüllung in der Liebe, der großen Atempause von der Arbeit oder der entscheidenden Zusage für unser Angebot sehnen, die Menschen und Kräfte der äußeren Welt scheinen sich oft gegen uns verschworen zu haben und die Entscheidungen, die so ausschlaggebend für unser Leben sind, hinauszuzögern.

Leider ist es häufig so, dass wir in diesen unvermeidlichen Wartesituationen immer nervöser, gereizter, frustrierter, verwirrter, erschöpfter und sogar regelrecht aggressiv werden. Und medizinische Untersuchungen zeigen, dass nervöses Warten auf ein wichtiges Ereignis über längere Zeitspannen bei den meisten Menschen zu ernsthaften geistigen, emotionalen und körperlichen Beschwerden führen kann. Der Blutdruck steigt, die körperliche Anspannung nimmt zu, der Atem wird flach, so dass die Sauerstoffzufuhr behindert und das klare Denken beeinträchtigt wird, Verdauungsbeschwerden auftreten und der Herzmuskel sich verspannt – unser ganzes Leben gerät aus der Bahn, wenn wir ständig warten müssen.

Natürlich reagieren wir nicht immer negativ auf Wartezeiten. Vielleicht wissen wir ja, wie wir uns zurücklehnen und entspannen können, wenn jemand für uns ein gutes Essen zubereitet. Manchmal sitzen wir völlig selig in der Herbstsonne, während wir darauf warten, dass unsere Kinder aus der Schule kommen. Hin und wieder können wir unsere Beine auf den Schreibtisch legen, wenn es im geschäftigen Betrieb unseres Arbeitstages eine kurze Flaute gibt.

Und es scheint immer einige wenige beneidenswerte Menschen zu geben, die selbst durch die schwierigsten Wartezeiten mit an Wunder grenzender Leichtigkeit segeln. Es bleibt uns dann oft ein Rätsel, wie es ihnen gelingt, in Wartesituationen, die uns die Wände hochtreiben würden, ruhig und sogar glücklich zu bleiben.

Unser eigenes Leben hingegen ist immer wieder vom mehr oder weniger ausgeprägten Trauma all der vielen stressigen Wartesituationen geprägt. Wie Mihaly Csikszentmihalyi in seinem ausgezeichneten Buch *Flow: Das Geheimnis des Glücks* zeigt, sind die meisten von uns programmiert, auf »Wartesituationen, in denen wir lernen, wachsen, genießen und gedeihen könnten, mit Stress und Frustration zu reagieren«.

Die entscheidende Frage lautet also: Sind wir wirklich hilflose Opfer des Zeit fressenden Monsters, das uns in langen Wartesituationen droht? Müssen wir unser ganzes Leben lang ständig unter Ausbrüchen von Frustration und Aggression leiden, die durch Warten ausgelöst werden – oder gibt es einen positiven Ausweg aus dieser allgemeinen Zwangslage?

Die Antwort lautet sowohl für kurz- als auch für langfristige Wartesituationen: Ja, es gibt einen Ausweg. Wir müssen nicht einen Tag länger Opfer der langen Wartezeiten sein, welche die Außenwelt uns auferlegt. Die mentalen, emotionalen und physischen Dynamiken des Wartetraumas sind inzwischen gründlich erforscht worden und man hat mehrere praktische Methoden entwickelt, mit denen wir den negativen Begleiterscheinungen von Wartezwängen entgehen können. Hilfsangebote gibt es also.

Darüber hinaus können wir uns, wie wir in Bezug auf kurzfristige Wartesituationen bereits gesehen haben, mühelos Techniken zur inneren Neuorientierung beibringen, mit denen wir auch langfristige Warteperioden in wunderbare Gelegenheiten umwandeln, die höheren kreativen und intuitiven geistigen Möglichkeiten zu nutzen. Mit Hilfe dieser Techniken können wir unser Warten plötzlich in einem neuen, positiven Licht sehen, entscheidende Einsichten gewinnen, wie wir unsere Situation für uns nutzen, uns auf den Boden bringen und kreative Energie tanken können, um entschlossen zu handeln, wenn die Zeit dafür reif ist.

Grundsätzlich kennen wir jetzt leicht erlernbare Wege, vom Verharren in der Haltung des »passiven Opfers« zum »aktiven Sieger« überzugehen, wenn wir langen Wartezeiten ausgesetzt sind. Für langfristige Wartesituationen ist dieser Weg zwar etwas schwieriger als für kurze, aber wir können hier sogar noch mehr gewinnen. In diesem Kapitel mache ich Sie mit den Anfangsschritten hierfür vertraut. Und im Weiteren werde ich Sie kontinuierlich in der Fähigkeit unterstützen, die chronische Sorge um Dinge, auf die Sie in Ihrem Leben warten, loszulassen.

Ein guter Mann in den Klauen des Stresses

Als ich vor über zehn Jahren noch im damaligen West-Berlin lebte und arbeitete, kam ein Klient über einen Freund zu mir, der diesen Mann ärztlich behandelte. Eine Woche später als geplant kam der Betreffende in mein Büro, rutschte unruhig auf seinem Stuhl herum und schien völlig gedankenverloren zu sein. Nennen wir ihn einmal Wolfgang, da er aufgrund seines Regierungspostens gerne anonym bleiben möchte.

Wolfgang war damals Professor für Volkswirtschaft und außerdem Vorstandsmitglied einer großen Bank. Sein wöchentlicher Terminkalender sah vor, dass er zwischen West-Berlin und Frankfurt pendelte und außerdem oft nach New York flog. Ich mußte mich auf kurzfristige Änderungen unserer Terminabsprachen einstellen, um ihn regelmäßig beraten zu können. Er hatte hohen Blutdruck und litt unter einem Magengeschwür sowie mehreren weiteren körperlichen und emotionalen Beschwerden. Im Grunde war er ein Wrack und ständig in Gefahr, sowohl psychisch als auch körperlich zusammenzubrechen.

Schon bald erfuhr ich im Rahmen unserer Arbeit, warum das der Fall war. Dieser Mann trug die ganze Last der Welt auf seinen Schultern. Jeden Morgen griff er beim Aufwachen nach den Zeitungen und überflog die Nachrichten, um zu überprüfen, ob die ökonomische Krise, die er in dem einen oder anderen Land befürchtete, tatsächlich eingetreten war. Er wartete buchstäblich auf mindestens ein Dutzend großer wirtschaftlicher Katastrophen, die jeden Moment eintreten konnten. Kein Wunder, dass er nicht schlafen und seine Mahlzeiten nicht verdauen konnte. Geschweige denn, mit seiner Frau schlafen. Er schien sich im wahrsten Sinnes des Wortes zu Tode zu sorgen.

Und er hielt seine Sorgen für angebracht, unvermeidlich und wesentlich, zumal er fraglos ein mitfühlendes und engagiertes Wesen hatte, das sich um das Wohl all der Millionen von Menschen kümmerte, die unermesslich leiden würden, wenn bestimmte Dinge geschähen. Und oft trat das Befürchtete auch tatsächlich ein. Also machte er sich über noch mehr Situationen und deren Entwicklung Sorgen.

Wolfgang war der lebendige Beweis dafür, dass das »Wartestress-Syndrom« real existiert und potenziell tödlich verlaufen kann. Es lohnt sich deshalb, seinen Fall einmal genauer zu betrachten. Wir wollen uns also die Ursache für seinen Stress näher anschauen und auch untersuchen, wie es ihm und mir gelang, diesen Stress durch den Prozess, den wir auch in diesem Buch lernen, zu überwinden.

Wie unser Denken uns irreführt

In unseren ersten Sitzungen glaubte Wolfgang nicht, dass es für ihn wirklich Hoffnung gäbe. Seine Arbeit würde er nicht aufgeben, denn er hatte das Gefühl, dass die Welt von ihm abhängig war – was auf eine bestimmte, wenn natürlich sehr eingeschränkte Weise richtig war. Und es gab niemanden, der ihn sofort vertreten und ersetzen konnte; er hatte zu viel Insider-Wissen. Gleichzeitig aber erzählte ihm sein Arzt, dass seine Arbeit ihn umbrächte – und zwar bald.

Schritt für Schritt (Professoren fällt es nicht gerade leicht, schnell etwas Neues zu lernen ...) begann Wolfgang mit Hilfe der verschiedenen therapeutischen Methoden, die ich ihm vorschlug, von Grund auf zu begreifen, dass sein Körper wegen der Sorgen, die ihm ständig durch den Kopf gingen, völlig verspannt war und litt. Da er ein sehr kluger Mann war, ließ er sich vorbehaltlos auf die Aufgabe ein, den Auslöser für die chronischen Spannungen in seinem Körper und seine negative emotionale Stimmung herauszufinden.

Eine wichtige Meditation, die ich ihm empfahl (und die ich auch Ihnen aus Herz legen möchte), bestand darin, ein paar Atemzüge lang die eigenen Gedanken zu beobachten, ohne den Versuch zu machen, diese zu verändern.

Richten Sie Ihre Aufmerksamkeit primär auf den Atem und beziehen Sie gleichzeitig den Strom der Gedanken in Ihre Wahrnehmung ein, der ständig über Ihre innere Leinwand zieht ...

Wolfgang (und Sie wahrscheinlich ebenfalls) stellte dabei fest, dass der größte Teil seiner Gedanken den Problemen galt, mit denen er zu kämpfen hatte. Er befürchtete, es könne etwas Schlimmes geschehen, deswegen rang er gedanklich ständig um

Problemlösungen, mit denen die erwartete künftige Katastrophe vermieden werden konnte.

Als ich ihm vorschlug, sämtliche inneren Sorgen und Problemlösungsversuche einmal ein paar Atemzüge lang loszulassen, entgegnete er: »Aber das wäre unverantwortlich, denn es ist meine Pflicht, Lösungen für diese Dilemmas zu suchen.«

»Wie wäre es, wenn Sie sich wenigstens dreimal am Tag ein paar Minuten Pause gönnten. Lernen Sie, das Leid der Welt einfach nur so lange loszulassen, bis Sie selbst frei durchatmen können.«

Er war einverstanden, und als Nächstes brachte ich ihm die Meditation auf die sechs Atemzüge bei, die Sie bereits kennen. Er war ein guter Schüler und ließ sich darauf ein, in den nächsten zwei Wochen stündlich zwei Minuten darauf zu verwenden. Als er wiederkam, war er ziemlich aufgeregt. »Jetzt begreife ich!«, rief er. »Die Worte, die Gedanken – sie lassen mich einfach nicht in Ruhe. Aber wenn ich meinen Atem beobachte und die Schlüsselworte sage, dann kann ich sie aufhalten, wenn auch nur kurz.«

Die allgemeine Sorgenliste

An diesem Morgen schrieben wir eine Liste, auf der alles stand, was ihm in seinem persönlichen und im öffentlichen Leben drohte und was ihm Sorgen machte. Diese Liste war ziemlich lang und umfasste, soweit ich mich erinnere, etwa 20 wichtige Punkte, angefangen damit, dass seine Frau ihn verlassen und er bald sterben könne, bis hin zum Zusammenbruch dieses oder jenes Landes und bestimmten Aktivitäten dieser oder jener Personen, die diesen Zusammenbruch vorantreiben oder aufhalten konnten.

Ich ließ ihn dann die Punkte heraussuchen, gegen die er konkret etwas unternehmen konnte, und die Themen ankreuzen, bei denen er machtlos war. Es stellte sich heraus, dass er nur ein Drittel der Themen, über die er sich sorgte, aktiv beeinflussen konnte. Die anderen zwei Drittel lagen nicht in seiner Macht, trotzdem machte er sich unaufhörlich Sorgen um sie.

Dann ließ ich ihn acht Themen aussuchen, die er *möglicherweise* beeinflussen konnte, und fragte ihn Punkt für Punkt, ob seine Suche nach Lösungen für diese Probleme wirklich durchschlagend erfolgreich sein würde. Er fand nur vier Punkte, bei denen er mit wesentlichen Schritten von seiner Seite aus vielleicht zu einer Lösung beitragen konnte. Die anderen vier hätte er nur zu einem späteren Zeitpunkt positiv wenden können, so dass kein Grund bestand, sie sich ständig durch den Kopf gehen zu lassen.

Von den vier Problemen, die er immer noch glaubte lösen zu müssen, hatte er für drei davon, wie er zugab, sämtliche nur erdenklichen Möglichkeiten bereits ausgelotet, ohne einen Schritt weitergekommen zu sein. Es gab also auf seiner Liste von zwei Dutzend Punkten in Wirklichkeit nur einen einzigen, für den es sich als nützlich erweisen konnte, wenn er sich weiter damit beschäftigte und über Problemlösungen nachdachte. Und wie sich herausstellte, bereitete ihm dieser konkrete Punkt gar keinen übermäßigen Stress.

Als wir unsere Analyse der Probleme, die auf seiner Seele lasteten, beendet hatten, war er sehr erstaunt. Er machte sich also ständig Sorgen um irgendwelche Dinge, ohne dass das wirklich weiterhalf. Im Gegenteil: Indem er sich um diese Dinge sorgte, hinderte dies ihn geradezu, diese Probleme zu lösen.

»Warum mache ich mir dann ständig Gedanken über das alles?«, fragte er schließlich.

Ich konterte typisch therapeutisch: »Sagen Sie es mir.«

Er dachte einen Augenblick über seine Denkgewohnheiten nach und antwortete dann ruhig: »Ha, das ist einfach nur meine übliche innere Routine. Dieses Sorgen ist reine Gewohnheit.«

»Die Lösung für das Problem«, sagte ich, »besteht also möglicherweise darin, dass Sie lernen, diese Form des Denkens, bei der Sie sich ständig mit Sorgen belasten, willentlich abzustellen – nicht wahr?«

Er dachte wieder nach, dann leuchteten seine Augen auf. »Genau das habe ich gestern Abend im Flugzeug bei der Atemmeditation erlebt. Damit kann ich die Gedanken stoppen. Das scheint zu einfach, um wahr zu sein. Aber es klappt.«

Ich habe keineswegs die Absicht, diese Meditation, mit der wir unsere Gedanken zum Stillstand bringen können, als Heilmittel für alles Leid der Welt anzupreisen. Manchen Menschen fällt es sehr schwer, den beständigen Fluss ihrer Sorgen abzustellen. Aber bei Wolfgang – und das gilt auch für die meisten von Ihnen – war der kürzeste Weg zur Lösung auch der beste.

Wolfgang ging an diesem Morgen ein Licht auf. Indem er klar erkannte, dass er selbst die Ursache für seine Qualen war, konnte er beschließen, regelmäßig etwas zu tun, um sich davon zu befreien. Da er genau wusste, dass es um seine Gesundheit schlecht stand und er etwas unternehmen musste, verpflichtete er sich, in jeder der täglich 20- bis 30-mal auftretenden Situationen, in denen er Verschnaufpausen einlegen konnte, die Wartemeditation auf die sechs Atemzüge zu machen. Schließlich gelang es ihm sogar, mitten in Diskussionen zu meditieren. »Ich bin richtig süchtig danach«, sagte er eines Tages gegen Ende unserer Zusammenarbeit.

Das positivste Ergebnis war, dass seine Gesundheit sich in dem Maße schnell verbesserte, wie sein Stress kontinuierlich abnahm. Er fühlte sich jetzt lebendiger, war voller Freude und auch sein Sexualleben bekam neuen Schwung. Seinen Berichten zufolge wurden auch seine Entscheidungen am Arbeitsplatz klarer und einsichtiger, je häufiger er vom Problemlösungsdenken auf umfassendere intuitive Bewusstseinszustände umschalten konnte. Dies wurde durch die Erholungsmeditation auf die sechs Atemzüge und seinen Wunsch, sich mit dem Satz *»Ich bin offen zu empfangen«* auf die intuitive Ebene zu begeben, gefördert.

Heute, über zehn Jahre später, erfreut sich Wolfgang bester Gesundheit. Er ist eine einflussreiche Führungspersönlichkeit und seine persönlichen Beziehungen und sein inneres Wachstum blühen und gedeihen. Er hat das langfristige Wartemonster vertrieben – und das können auch Sie!

Wir wollen uns jetzt dem nächsten Schritt zuwenden, den Sie tun können, um sich aus dem Griff der chronischen Sorge über all die Dinge, die in sämtlichen Bereichen Ihres Lebens einer Lösung harren, zu befreien.

Die Hauptursache finden

Ich möchte die folgenden Erläuterungen kurz halten und trotzdem sichergehen, dass Sie genau verstehen, wie der Stress, ängstlich auf etwas in Ihrem Leben zu warten, zu chronischen gesundheitlichen Problemen führen kann. Wenn dieser biologische Hintergrund erst einmal klar ist, können Sie die Werkzeuge, mit denen Sie »beim Warten gewinnen« und Stress abbauen, viel erfolgreicher einsetzen.

Nehmen wir einmal den Fall meines Nachbarn, der gerade bei mir vorbeischaute, um Hilfe für seine angespannte Lage zu suchen. Seine Wartesituation ist die: Er hat Aussichten, ein großes Stück Land zu erwerben. Das kann ihn finanziell zum gemachten Mann werden lassen oder auch ruinieren. Er muss jetzt drei

Wochen warten, bis sich entscheidet, ob das entsprechende Geschäft tatsächlich zustande kommt. Mittlerweile ist er zum reinen Nervenbündel geworden. Er kann sich von der ständigen Anspannung einfach nicht lösen, die ein latentes Magengeschwür wieder aufbrechen lassen hat und ihn im Kopf ganz wirr macht, so dass er sich anderen dringenden Arbeiten nicht widmen kann. Mit seiner Frau hat er Streit bekommen, weil er emotional einfach nicht für sie da ist. Und überhaupt fühlt er sich generell aufgrund einer Vielzahl kleinerer Beschwerden elend.

Wie sieht nun der innere Prozess aus, der all diese gesundheitlichen Beschwerden verursacht und sich auch auf seine Beziehungen störend auswirkt?

»Ich bin einfach nervös, das ist alles. Das wären Sie auch, wenn finanziell für Sie alles auf dem Spiel stünde. Ich möchte Sie nicht mit Zahlen belästigen, aber wenn dieses Geschäft nicht klappt, bin ich erledigt.«

»Was meinen Sie mit ›erledigt‹?«

»Na, völlig am Ende. Bankrott.«

»Sie haben also Angst, Pleite zu gehen?«

»Genau. Ich weiß, dass dieses Geschäft funktionieren kann. Ich habe alles auf eine Karte gesetzt, weil das die größte Chance meines Lebens ist und mir wirklich ein Durchbruch gelingen kann. Aber wenn auch nur eine Sache schief läuft ...«

»Zum Beispiel?«

»Zum Beispiel, dass der Besitzer aus irgendwelchen Gründen plötzlich einen Rückzieher macht.«

»Okay – und Sie haben keinerlei Einfluss auf seine Entscheidungen.«

»Nein. Ich kann nichts tun und bin ihm völlig ausgeliefert.«

»Sie fühlen sich hilflos.«

»Das kann man wohl sagen.«

»Und wie geht es Ihnen damit?«

Bei dieser Frage explodierte sein ganzer aufgestauter innerer Druck: »Was glauben Sie denn? Ich gehe innerlich die Wände hoch. Ich kann nicht schlafen, nicht essen, ich habe Lucy gestern Abend angebrüllt und sie spricht heute Morgen kein Wort mit mir. Dieses Warten macht mich regelrecht verrückt – und ich habe noch drei Wochen vor mir. Das stehe ich einfach nicht durch. Helfen Sie mir!«

»Gut. Sitzen Sie einfach einen Augenblick still und sagen Sie mir, welche Gedanken Ihnen kommen.«

Er saß etwa drei Atemzüge lang still da und sagte dann: »Es ist einfach immer da.«

»Was genau?«

»Das ganze Ding. Ganz gleich, was ich tue, ich muss immer an das Geschäft denken, es schiebt sich vor alles, was ich sonst noch denke, wie eine Seuche. Dieses schreckliche Gefühl hat mich ständig in der Mangel, genau hier.« Er legte seine Hand auf den Brustkorb.

»Und was ist das für ein schreckliches Gefühl?«

»Als würde ich innerlich zusammenbrechen. Angst, Angst Angst ...«

Er saß still da, verloren in seinem Warten darauf, dass demnächst etwas für ihn Entscheidendes geschehen oder auch nicht geschehen würde. In diesem Augenblick war er überhaupt nicht in Gefahr. Aber trotzdem empfand er Angst.

> Genau das ist der Punkt: Wir leiden gesundheitlich und auf allen anderen Ebenen unter langfristigem Warten, weil wir Angst vor all den Dingen haben, die uns in Zukunft passieren könnten, wenn unsere schlimmsten Phantasien statt unsere schönsten Hoffnungen wahr werden. Die menschliche Fähigkeit, an die Zukunft zu denken und uns dafür den schlimmsten Fall vorzustellen, ist also die Hauptursache dafür, dass wir das Wartespiel verlieren.

Beachten Sie bitte ganz genau, wie die Lösung für dieses Problem, die in einem einfachen mentalen Kunstgriff besteht, aussieht. Wenn die Ursache für unsere Angst in unserem ständigen Denken über zukünftige Ereignisse liegt, dann verschwindet diese Angst, sobald wir aufhören, über diese Dinge nachzudenken. Stimmt's?

Es gibt inzwischen genügend psychologisches Beweismaterial dafür, dass diese Beobachtung richtig ist. Wenn wir dasitzen und zulassen, dass uns unsere Gedanken über mögliche zukünftige Gefahren in unserem Leben überrennen, lösen wir ein grundlegendes Syndrom aus, das mit einem projizierten Gedanken oder einer Vorstellung über unsere mögliche Zukunft beginnt und zur direkten Aktivierung ängstlicher Emotionen und körperlicher Anspannung führt.

Am Anfang steht der *Gedanke* an eine potenzielle Gefahr, nicht die Angst selbst. Unsere emotionalen und physischen Zustände sind Reaktionen auf unsere Gedanken, nicht umgekehrt. Diese Erkenntnis ist ganz entscheidend, denn wenn wir in dem ständigen Fluss unserer Gedanken erst einmal die Hauptursache für alle unser Sorgen und chronischen Ängste erkannt haben, können wir gegen diese Gedanken auch etwas unternehmen.

Diese einfache psychologische Erklärung gab ich auch meinem Nachbarn, der nicht viel über diese Dinge wusste – aber er begriff sofort, worum es ging. Er wünschte sich verzweifelt Abhilfe, deswegen war er ein guter Zuhörer und Schüler. Ich leitete ihn durch den Prozess der sechs Atemzüge, den ich Ihnen gerade beigebracht habe. Verständlicherweise ging es ihm danach zunächst nur unwesentlich besser. Also leitete ich ihn noch einmal an und ließ ihn diesmal bei jedem Wort zweimal durchatmen – entspannen – atmen – Herz – der ganze Körper – Frieden. Ich ließ einen Kassettenrecorder laufen und gab ihm eine Kassette mit der Anleitung für diese Meditation mit nach Hause.

Bevor er ging (ein Klient wartete bereits auf mich), machte ich ihn noch auf einen weiteren entscheidenden Punkt aufmerksam, der seinen möglichen Grundstückserwerb betraf.

»Erklären Sie mir Folgendes«, sagte ich zu ihm. »Sie reagieren auf diese finanzielle Situation, als ginge es um Leben und Tod, als wäre es für Sie der Weltuntergang, wenn die Dinge sich negativ entwickelten. Aber sind Sie wirklich körperlich bedroht, wenn dieses Geschäft nicht zustande kommt? Ist Ihr Leben tatsächlich in Gefahr?«

»Nein, natürlich nicht. Aber es fühlt sich so an.«

»Lassen Sie uns das genau festhalten. Es geht in Ihrer Situation nicht wirklich um Leben und Tod.«

»Nein.«

»Machen Sie sich das ganz klar. Sagen Sie es sich immer wieder«, riet ich ihm. »Denn Ihr Körper bekommt von Ihren Gefühlen die Botschaft, tödlich bedroht zu sein, und Ihre Emotionen übernehmen diese übertriebene Nachricht von ihren Gedanken. Dabei ist das einfach nicht die Realität. Erinnern Sie sich immer wieder daran: Sie sind nicht in körperlicher Gefahr! Was könnte Ihnen denn im schlimmsten Fall tatsächlich passieren?«

»Nun, ich könnte mein ganzes Geld verlieren und auf der Straße enden.«

»Würde Sie das umbringen?«

»Nein.«

»Würden Sie wieder auf die Beine kommen?«

»He, ich bin kein Verlierer.«

»Also, diese Bedrohung wird Sie nicht umbringen. Sie werden auch dann wieder auf die Beine kommen, wenn das Schlimmste passiert.«

»Hm, aber es wäre die totale Katastrophe.«

»Trotzdem würden Sie weiterleben. Vielleicht fühlten Sie sich gedemütigt, müssten Abstriche machen und hart arbeiten.«

»Genau.«

»Und, kämen Sie damit zurecht?«

»Nun, hm, klar, wenn es sein müsste.«

»Denken Sie immer wieder daran, dass das Schlimmste nicht so schlimm ist, wie Ihre Gedanken Ihren Gefühlen und Ihrem Körper einreden, okay?«

»Hm, ja. Ich höre, was Sie sagen.«

Ich schaute ihm nach, wie er zu seinem Wagen ging, einstieg, die Kassette in seinen Rekorder legte und ihr lauschte, während er alleine dasaß ... Ich hoffte, ihm ein wenig weitergeholfen zu haben. Und ich denke, Sie haben verstanden, um was es geht. Wenn Ihre Gedanken Sie völlig unkontrolliert übermannen und Ihnen ständig eine schlimme Szene nach der anderen vor Augen führen, dann leiden Sie unter einer schlechten Angewohnheit. Auch wenn diese Angewohnheit weit verbreitet ist, bleibt sie trotzdem schlecht.

> Es gibt nur einen sicheren Weg, sich von einer schlechten Angewohnheit zu befreien. Wir können eine schlechte Gewohnheit nicht wirklich abstellen. Wir können aber eine gute Angewohnheit entwickeln, die immer wieder über die schlechte Angewohnheit siegt; denn die gute Angewohnheit bewirkt, dass wir uns besser fühlen. Und wir haben einen natürlichen Hang zur Freude und wollen dem Schmerz entkommen – so einfach ist das.

Das Sich-Sorgen überwinden

Sie haben mit Sicherheit Ihre eigenen Gedanken, mit denen Sie sich Sorgen machen – Sätze, Vorstellungen und Grübeleien, die Ihnen regelmäßig durch den Kopf gehen und die die verschiedensten Situationen betreffen, die Ihnen möglicherweise drohen. Therapeutische Untersuchungen haben gezeigt, dass das Denken bei den meisten von uns stark durch diese Angewohnheit des Sorgens geprägt ist. Und wenn wir unsere Gedanken nicht sorgfältig beobachten, beginnt dieses Sorgen fast automatisch. Der Grund dafür ist klar: Wenn wir uns nie mit zukünftigen Gefahren befassen, kann es passieren, dass Situationen, mit denen wir uns tatsächlich auseinander setzen müssen, bevor sie uns aus der Hand gleiten, gegen uns arbeiten. Aber wenn diese Zukunftsschau unser Denken völlig beherrscht und uns ständig Angst macht, müssen wir eingreifen und im Dienste unserer Gesundheit, unseres Realitätssinns und unseres Wunsches, uns am Leben zu erfreuen, die Kontrolle zurückgewinnen.

Ich hatte Ihnen empfohlen, eine Sorgenliste zu erstellen – im Idealfall jede Woche eine neue -, die jedes Problem und jede Situation enthält, auf deren Lösung Sie in Ihrem Leben warten. Durch das Erstellen einer solchen Liste werden Sie grundlegende Einsichten in Ihre eigenen Gewohnheiten bezüglich Ihrer Sorgen gewinnen und herausfinden, ob Ihre Angst den tatsächlichen Gefahren in Ihrem Leben entspricht oder darüber hinausgeht.

Auf der nächsten Seite folgt eine Vorlage für eine solche Liste, die Sie in einen Notizblock übertragen können, falls nötig, auf mehrere Seiten.

»Ich warte darauf, ob / bis ...«	**gering – 2 – 3 – 4 – 5 – 6 – 7 – 8 – 9 hoch** (Grad der Angst pro Wartesituation)
(Berufliche Wartesituationen)	
(Gesundheitliche Sorgen)	
(Liebes-/Beziehungs-probleme)	
(Verschiedene weitere Befürchtungen)	

Nehmen Sie sich Zeit beim Erstellen dieser Liste, so können Sie beim Aufschreiben der einzelnen Besorgnis erregenden Zukunftsprojektionen spüren, wie Sie körperlich darauf reagieren. Indem Sie Ihre Sorgen formulieren, bringen Sie sie »ans Licht«, statt sie ständig für sich zu behalten. Nennen Sie also Ihre Befürchtungen beim Namen, schätzen Sie ein, wie viel Angst sie Ihnen einflößen – und fangen Sie an, sich davon zu befreien.

Grundlegendes über das Warten

Wesentlich ist, dass das meiste von dem, was wir befürchten, nicht eintritt. Und wenn das Schlimmste geschieht, hilft unser Sorgen vorher meistens auch nicht weiter. Mein Nachbar hat übrigens sein Geschäft erfolgreich abgeschlossen. Er hat seine ganzen Ängste umsonst erlitten!

Warum sollten wir also unseren Körper zwingen, negativ zu reagieren, wenn und solange das Befürchtete gar nicht eintritt! Wir können uns buchstäblich zu Tode sorgen, indem wir körperlich die reale Angst und Qual erzeugen, die wir empfänden, würde das vorgestellte Ereignis Wirklichkeit werden. Warum quälen wir uns aber in dieser Form? – Das ist nichts als eine schlechte Angewohnheit!

Wenn Sie mit Ihrer Sorgenliste auf dem Laufenden bleiben, sie immer wieder überprüfen und Punkte hinzufügen oder streichen, während die Zukunft zur Gegenwart wird und Probleme sich auf die eine oder andere Weise lösen, werden Sie deutlich erkennen, wie Ihre ganz individuellen Sorgen aussehen. Und wenn Sie erst einmal verstanden haben, was Sie sich tagaus, tagein antun, indem Sie sich durch Ihr Sorgen in negative geistige und seelische Zustände bringen, werden Sie anfangen, mit dieser Angewohnheit zu brechen, weil Sie bemerken, wie selbstzerstörerisch sie ist.

Und wieder stellt sich die Frage, wie wir uns von diesem negativen Verhalten befreien können. Die schlichte Antwort lautet, Schritt für Schritt eine positive Gewohnheit zu entwickeln, die sich über die negative hinwegsetzt.

Schenken Sie sich deshalb jedes Mal, wenn Sie sich beim Sorgen ertappen, eine Minute Ihres Lebens und machen Sie die Meditation auf die sechs Atemzüge, die Sie gelernt haben. Steigen Sie aus der zukunftsfixierten Welt Ihres deduktiven Denkens aus und richten Sie Ihre Aufmerksamkeit auf das augenblickliche Geschehen Ihres Atems, Ihres Herzschlags und Ihres ganzen Körpers ... Kommen Sie wieder zu sich!

Und wenn Sie sich erst einmal auf den gegenwärtigen Moment besonnen haben, können Sie sich umschauen und sehen, ob hier alles in Ordnung ist. Wenn ja, können Sie sich entspannen, das Leben genießen und sich auf tiefere Seinsebenen einstimmen. Indem Sie aufhören, Ihre kreativen Kräfte ständig an das sorgende Wartemonster zu verlieren, blühen Sie auf.

Stress, Angst und Sorge sind auf Dauer tödlich. Wenn es etwas gibt, worüber Sie sich wirklich Sorgen machen sollten, dann über Ihre eigene Angewohnheit, sich Sorgen zu machen, weil diese mit Sicherheit Ihre Gesundheit, Ihr Liebesleben, Ihre Leistungsfähigkeit und vieles mehr untergräbt.

Statt sich über das Sorgen zu sorgen, sollten Sie deshalb Ihren schlechten Gewohnheiten den psychologischen Gnadenstoß versetzen. Hören Sie auf, sich zu sorgen, und wenden Sie sich innerlich regelmäßig dem ewig gegenwärtigen Augenblick zu, dem Hier und Jetzt, wo kaum unmittelbare Gefahren drohen. Beschließen Sie, im gegenwärtigen Augenblick zu leben und nicht unnütze Gedanken über mögliche Probleme in Ihrer Zukunft zu verlieren. Nähren Sie Ihr Vertrauen in das Leben, statt sich auf Ihre Zweifel zu fixieren! Deshalb noch einmal:

Gesundheit und Frieden
Der ganze Körper
Herz
Atmen
Entspannen

Ich hoffe, Sie haben sich diesen Ablauf inzwischen gut eingeprägt und können ihn bald auswendig. Den Lernprozess habe ich bis jetzt sehr einfach dargestellt, so dass Sie, auch wenn Sie aus diesem Buch nur eine einzige Sache mitnehmen, wissen, wie Sie von der Ebene angespannten Sorgens willentlich zu Entspannung und Lebensfreude übergehen können. – Alles klar?

Den nächsten Schritt tun

Am Ende dieses Kapitels möchte ich Ihnen zeigen, was Sie tun können, wenn Sie mehr als nur eine Minute Wartezeit zur Verfügung haben. Sie haben sich auf die Ebene der Wahrnehmung Ihres ganzen Körpers und des gegenwärtigen Augenblicks begeben, Sie atmen tiefer, Ihre Muskeln sind entspannt, Sie sind innerlich ruhig und wieder in Kontakt mit der Außenwelt ... Sie haben einen entscheidenden Schritt für Ihre Gesundheit getan – gut!

Was könnten Sie in den nächsten Minuten tun, um innerlich noch mehr zu gewinnen? Wenn Sie unter den negativen gesundheitlichen Folgen des Wartestresses wie erhöhtem Blutdruck, Verdauungsstörungen, der Schwächung des Immunsystems, Blutzucker und anderen Symptomen leiden: Was können Sie dann zusätzlich unternehmen, um sich von den entsprechenden Verhaltensmustern zu befreien?

Die Antwort lautet: sich *bewegen*. Negative Befürchtungen und Sorgen lassen unsere Muskeln erstarren. Wenn wir uns von diesen Spannungen lösen, befreien wir unser ganzes System von der chronischen Unbeweglichkeit und bringen innerlich wieder alles ins Fließen.

Welche Art von Bewegung Sie bevorzugen, ist unwesentlich. Ausschlaggebend ist vielmehr, dass Sie sich von einem erstarrten Zustand ins Fließen bringen, dass Sie sich aus der Erstarrung der Angst lösen und wieder gesund und lustvoll bewegen. Denken Sie daran, dass Bewegung das einzig Konstante im Universum ist – alles ist in Bewegung! Wenn wir aufgrund langfristiger Ängste erstarren, verstoßen wir gegen das Gesetz des Universums. Also, bewegen wir uns!

Im Folgenden stelle ich Ihnen eines der einfachsten und zugleich wirkungsvollsten Bewegungsprogramme vor, das Sie nur eine Minute Zeit kostet:

In einer Minute den ganzen Körper erwecken

Stellen Sie sich aufrecht hin, wobei die Füße etwas Abstand voneinander haben und die Zehen nach vorne zeigen. Beim Ausatmen beugen Sie sich langsam nach vorne, bis Ihre Hände mit den Handflächen auf dem Boden vor Ihnen ruhen. Bleiben

Sie einen Augenblick so, ohne einzuatmen, die Augen schauen direkt nach unten zum Mittelpunkt der Erde, die Knie sind leicht gebeugt ...

... Beim Einatmen kommen Sie jetzt langsam nach oben, heben Ihre Hände, bis sie sich über Ihrem Kopf befinden, wobei die Ellenbogen gebeugt sind, die Handflächen zum Himmel zeigen und die Augen nach oben schauen ...

... Halten Sie die Luft einen Moment und atmen Sie dann durch den Mund langsam wieder aus, wobei Sie sich nach unten beugen, bis Ihre Handflächen wieder den Boden berühren. Halten Sie einen Moment inne, ohne Luft zu holen. Jetzt atmen Sie durch die Nase ein, bis Sie wieder ganz aufrecht stehen, wobei der Rücken leicht durchgebogen ist und die Hände zum Himmel zeigen ...

... Fahren Sie nun mit dieser »Begrüßung von Himmel und Erde« beliebig oft fort ...

Wenn Sie fertig sind und einen Moment stehen bleiben, werden Sie feststellen, dass Sie mit dieser Übung Erstaunliches bewirkt haben. Sie atmen jetzt ganz durch und nutzen Ihr gesamtes Atempotenzial. Und gleichzeitig regen Sie sämtliche Muskeln und Organe sowie alle Drüsen in Ihrem Körper an – Zeit zum Aufwachen! Sie sorgen mit diesen Bewegungen dafür, dass Ihr Herz kräftiger schlägt und Ihr Kreislauf in Gang kommt. Und Sie fühlen sich insgesamt wohler, weil Sie noch mehr in die Gegenwart kommen, die alle wahren Freuden des Lebens bereithält.

Ich empfehle Ihnen, diesen Bewegungsablauf fünfmal täglich durchzuführen. Er dauert nur eine Minute und kann Ihr Wohlbefinden entscheidend verbessern, vor allem wenn Sie viel sitzen müssen. Auch wenn Sie jede Stunde fünf Minuten kräftig gehen oder täglich zweimal eine halbe Stunde spazieren gehen, kann sich das sehr positiv auswirken. Und natürlich können Sie auch tanzen, schwimmen, Trampolin springen, sich lieben, Rad fahren – alles, was Sie in Bewegung bringt, Ihr Denken von chronischen Sorgen ablenkt und Sie eine gesunde Richtung einschlagen lässt.

Packen Sie es an!

3
Erfolgsstrategien am Arbeitsplatz

Den Leserinnen und Lesern, die im Berufsleben stehen und die solide traditionelle Geschäftspraktiken gewöhnt sind, mögen bestimmte Aspekte des vorigen Kapitels etwas merkwürdig erschienen sein. Schließlich habe ich Ihnen ja vorgeschlagen, für eine optimale Gesundheit Ihre Sorge um die Zukunft möglichst völlig einzustellen.

Wer will schon leitende Angestellte, die sich keine Sorgen um die Zukunft machen! Wir bezahlen unsere Führungskräfte schließlich doch dafür, dass sie sich sorgen, nicht wahr? Besteht ihre Aufgabe nicht darin, die Last der »düstersten Zukunftsaussichten der Firma« auf ihren Schultern zu tragen, ihre Gedanken ständig auf die Zukunft zu richten, vorauszusehen, was geschehen könnte, und entsprechend zu handeln? Eine Führungskraft, so glauben wir, zeigt kein Verantwortungsbewusstsein, wenn sie sich nicht ständig Sorgen über die Entwicklung der Firma macht.

Ist diese tief verwurzelte Anschauung über Führungsqualitäten aber richtig? In diesem Kapitel werden wir in aller Ruhe mehrere solcher Vorstellungen über das optimale Zeitmanagement im Arbeitsleben untersuchen. Wir werden uns die Eigenschaften einer erfolgreichen Führungskraft gründlich anschauen und neu bestimmen, wie die optimale Einstellung zur »Zukunft« bei sämtlichen geschäftlichen Bemühungen aussehen könnte.

Ich kann Ihnen schon jetzt versprechen, dass bestimmte Schlussfolgerungen, zu denen wir gelangen werden, ganz im Gegensatz zu den Praktiken stehen, mit denen Sie bislang Ihr Zeitmanagement am Arbeitsplatz betrieben haben. Diese neuen Einsichten werden sich hoffentlich in wachsendem beruflichen Erfolg und auch in einer erhöhten persönlichen Freude an der Arbeit niederschlagen.

Wir werden uns besonders einem ganz praktischen neuen Verfahren zuwenden, das Sie in den folgenden Tagen und Wochen während der Arbeit anwenden können und mit dem Sie den Stress der Verantwortung (wobei Stress immer damit verbunden ist, dass wir einseitig auf die Zukunft ausgerichtet sind) in Entspannung, Einsicht, persönliche Macht und zum Vorteil Ihres Unternehmens umwandeln können.

Aber auch diejenigen unter Ihnen, die derzeit keine traditionelle Führungsposition innehaben, werden von dieser Vorgehensweise profitieren. Wenn Sie den Fluch von Sorge und Anspannung am Arbeitsplatz überwinden und eine Haltung entwickeln, die von klarem Denken, Kraft und Kreativität geprägt ist, kann das möglicherweise den schnellen Aufstieg in eine besser bezahlte Position zur Folge haben, in der Sie mehr Einfluss haben und Ihnen mehr Respekt entgegengebracht wird.

Der Zukunft entspannt entgegenblicken

Selbstverständlich würden wir gar keine geschäftlichen Aktivitäten entwickeln, wenn wir nicht nach vorne blicken und uns

Gedanken über die Zukunft sowie entsprechende Pläne machen würden. Unsere Fähigkeit, uns gedanklich etwas vorzustellen, das noch nicht existiert, und dann die notwendigen Schritte zu unternehmen, um dieses Projekt zu realisieren, macht Geschäfte überhaupt erst möglich.

Um den Stress des Wartens auf das Gelingen Ihrer Pläne zu reduzieren, werde ich Ihnen also bestimmt nicht empfehlen, diese Form des beruflichen Denkens aufzugeben, bei dem die Zukunft eine entscheidende Rolle spielt. Stattdessen werden wir uns überlegen, wie wir Pläne schmieden, ein Projekt starten und dann das Ergebnis unserer Pläne abwarten können – ohne uns mit der Sorge, die solche zukunftsorientierte Unternehmungen üblicherweise begleitet, zu belasten.

Der Trick, den wir lernen werden, besteht aus einer innerlich angewandten Technik des Mind-Managements und weniger in einer Veränderung unseres äußeren Verhaltens am Arbeitsplatz. »Nur« an Ihrer wachsenden geistigen Klarheit und Ihrer Freude am Augenblick, Ihrer körperlichen Entspanntheit und Ihrer wachsenden Effektivität bei der täglichen Arbeit werden Ihre Kolleginnen und Kollegen merken, dass Sie neue Wege gehen.

Nach außen hin wird lediglich auffallen, dass Sie besser geerdet sind und mehr in sich selbst ruhen, neue Einsichten einbringen und entspannter wirken. Dies ist aber ein Ausdruck Ihres Innenlebens: Sie werden dazu zunächst Ihr Denken in neue Bahnen lenken, was Ihnen bei weitem bessere Dienste erweist als die alte Angewohnheit des Sorgens, die Sie in der Regel von Ihrer familiären und beruflichen Umgebung übernommen haben.

Der zentrale Punkt dabei ist: Die Zukunft muss für uns nicht mit Anspannung verbunden sein, damit wir Erfolg haben. Je mehr wir die Anspannung loslassen, die aus unserer Sorge um unsere berufliche Zukunft resultiert, desto mehr Erfolg werden wir haben und desto besser wird uns in sämtlichen Bereichen unseres Arbeitslebens das Planen und Umsetzen gelingen.

Wir lernen am besten durch konkrete Beispiele. Deswegen möchte ich Ihnen eine berufliche Situation aus jüngster Zeit schildern, in der sich diese neuen und besseren Techniken des Zeitmanagements als unschätzbar wertvoll erwiesen haben. Diese Fallstudie ist ein besonders gutes Beispiel, weil das geschäftliche Szenario überschaubar ist, so dass wir sämtliche grundlegenden Faktoren benennen und die eingeschlagenen Schritte deutlich ausmachen können.

Ein Junge von nebenan auf Erfolgskurs

Oberhalb meines Hauses hinter dem Hügel wohnt ein Gitarrenbauer, ein wirklich meisterhafter Lautenspieler, der seit Jahren seinen künstlerischen Weg verfolgt, dem es aber finanziell sehr schlecht geht, weil es ihm als engagierten Künstler, der immer nur Einzelstücke herstellt, schwer fällt, Geld zu verdienen.

Fred machte vor kurzem eine heftige Krise durch, in der er sich an mich wandte. In dieser Zeit kam er zu dem Schluss, dass er es leid war, sich finanziell kaum über Wasser halten zu können, weil er nur Einzelstücke für einen unsicheren Markt herstellte. Er war schließlich bereit, seinen engen geschäftlichen Rahmen zu erweitern und Geld mit dem zu verdienen, was er am besten konnte.

Er sprach deshalb mit mehreren Leuten über eine neue Idee, die ihm gekommen war, nämlich ein Instrument herzustellen, für das es nicht viel Konkurrenz gibt, lap steel guitars – eine spezielle Gitarrenart auf Hawaii –, von denen er zwanzig auf einmal herstellen und sie über das Internet verkaufen konnte. Dort hatte er entsprechende Groß- und Einzelhandelsgeschäfte gefunden.

Die Idee klang vernünftig, also machte er sich daran, ein Konzept zu entwickeln, wie Führungskräfte sämtlicher Branchen es auch tun würden, und überlegte sich einen Plan für den gesamten Ablauf von der Herstellung bis zum Verkauf.

> Wenn wir ein neues Projekt beginnen, müssen wir gedanklich zunächst einmal in die Zukunft blicken, um herauszufinden, ob unsere Idee tatsächlich Aussicht auf Erfolg haben könnte. Der erste Schritt besteht dabei immer darin, unsere Vorstellungskraft zu nutzen. Das heißt, wir entwerfen im Kopf ein neues Modell von etwas, das bislang noch nicht existiert, und orientieren uns dabei an ähnlichen Dingen, die wir aus der Vergangenheit kennen. Wir entwerfen in Gedanken ein konkretes Modell und nutzen dabei frühere Erfahrungen.

Beachten Sie, dass hier etwas angesprochen wird, das Sie wahrscheinlich bereits kennen: Die Herstellung eines neuen Produktes ist zunächst ein Denkprozess, der sich auf Vergangenheit und Zukunft bezieht. Mein Freund, der Gitarrenbauer, stellte sich vor, etwas Neues zu tun: eine neue lap steel guitar herzustellen, die den Markt der jüngeren Gitarrenspieler erobern würde, und dieses Instrument auf für Gitarren neue Weise zu verkaufen, nämlich über das Internet.

Sein erster Gedankengang bestand darin, sich ein zukünftiges Projekt vorzustellen, das sowohl seine finanziellen als auch seine ästhetischen Vorstellungen erfüllte.

Aber als er sich mit Eifer der Aufgabe zuwandte, eine neue Gitarre zu entwerfen, musste er bald feststellen, dass er nicht mehr nach vorne, sondern mehr nach hinten schaute, da seine

Gitarre auf bereits bestehenden Modellen aufbaute, die er lediglich etwas weiterentwickeln würde.

Er würde keine völlig neue Gitarre erfinden, eine solche ließe sich nur schwer verkaufen. Er wollte ein Modell herstellen, das »neu genug« war, so dass die Arbeit für ihn als Gitarrenbauer befriedigend war und gleichzeitig Musiker ansprach, die seine lap steel guitars statt die bereits auf dem Markt existierenden Modelle kaufen würden.

Eine gute Woche lang verschwand Fred in einem Strudel von Ideen und schnellen Entwürfen und geriet völlig in den Bann der kreativen Aufregung, die für viele Menschen vielleicht der beste Teil des Berufslebens ist. In dieser Verfassung ist die normale Realität ausgeblendet und wir befinden uns, während wir uns vorstellen, wie wir etwas Neues und Aufregendes konstruieren, in jener Spielzeugwelt, die wir aus unserer Kindheit kennen.

Die Ängste der ersten Phase überwinden

Hat Fred bis zu diesem Zeitpunkt irgendwelche »Warteängste« in Bezug auf sein geschäftliches Projekt erlebt? Nun, vielleicht ja, denn gleich zu Beginn solch eines Vorhabens müssen wir uns fragen, ob unsere Idee etwas taugt – ob wir damit Erfolg haben oder eine Niederlage erleiden werden.

Wie Sie vielleicht aus eigenen Erfahrungen mit der Planung neuer Projekte wissen, werden störende Befürchtungen über die Entwicklung des neuen Vorhabens oft verdrängt von der positiven Aufregung, die uns in den Anfangsphasen der Entwicklung einer neuen Idee packt. Schließlich ist das alles bis jetzt nur ein Gedanke in Freds Kopf. Er kann immer noch aus dem Projekt aussteigen, ohne viel verloren zu haben. Nur wenn er sich vorstellt, dass er sich auf seine Idee wirklich einlässt, spürt er, wie ihn die Angst vor dem Versagen packt.

Viele Menschen gehen das Wagnis der Kreativität überhaupt nicht ein, weil sie sich von dieser ersten heftigen Angst vor dem Versagen abschrecken lassen und ihre Idee einfach nicht weiterverfolgen. Wenn das bei Ihnen ähnlich ist, haben Sie als junger Mensch mit eigenen neuen Ideen wahrscheinlich entsprechend negative Erfahrungen gemacht.

Ich schlage Ihnen dann vor, dass Sie anfangen, darauf zu achten, wann Sie diese Angst im Bauch spüren, die bewirkt, dass Sie jedes kreative Brainstorming frühzeitig abbrechen. Machen Sie sich bewusst, dass dieses Zurückschrecken vor Ihrer eigenen Kreativität ebenfalls eine Gewohnheit ist. Wenden Sie dann die Techniken an, die wir in diesem und den folgenden Kapiteln erarbeiten, um sich ein für alle Mal von dem Sorgenmonster zu befreien, das Ihr ganzes kreatives Potenzial vergeudet.

Fred hat diese heftige Sorge natürlich gleich zu Beginn seines neuen Projekts empfunden, sie hat seine freudige Aufregung von Anfang an begleitet. Als er sich die Produktionskosten Schritt für Schritt überlegte, wurde ihm klar, dass er mindestens 7 000 bis 9 000 Mark riskieren musste, nur um herauszufinden, ob es überhaupt einen Markt für seine neuen Gitarren gab. Ihm war klar, dass das für ihn als Alleinunternehmer ohne Investoren eine Menge Geld war. Was, wenn das Unternehmen misslang und er sein ganzes investiertes Geld verlor?

Genau so laufen unsere Gedanken ab, wenn wir mit einem riskanten geschäftlichen Neuanfang konfrontiert sind – sie projizieren das negativste Ergebnis in die Zukunft, damit wir wissen, wie schlimm es uns erwischen kann, wenn unsere Pläne schief gehen.

Fred stellte sich vor, dass er, wenn er zwei Monate Zeit hätte und 7 000 bis 9 000 Mark in sein neues Geschäftsvorhaben investierte, seine Gitarren aber nicht schnell verkaufte, finanziell sehr schlecht dastehen würde. Dann musste er sich wahrscheinlich einen Job suchen, nur um seine laufenden Rechnungen zu bezahlen, und das wäre das Ende seines Lebens als Gitarrenspieler, das er doch so sehr liebte.

Wenn er aber, so überlegte er andererseits, 20 lap steel guitars im Monat herstellte, über das Internet verkaufte und pro Instrument knapp 400 Mark und damit fast 8 000 Mark im Monat verdiente, dann musste er nur noch halb so viel arbeiten, um seinen Lebensunterhalt zu verdienen. Dann stünde er finanziell gut da und hätte Zeit, sich intensiver der Herstellung seiner ausgefalleneren Instrumente zu widmen, ohne sich Gedanken darüber machen zu müssen, was dabei am Ende herauskam.

Hier sehen wir, wie Fred in einem weit verbreiteten beruflichen Dilemma feststeckt: Er kann sich nur zwei mögliche Ergebnisse seines Vorhabens vorstellen. Das eine Extrem besteht darin, dass er alles verliert; das andere sieht so aus, dass er alles bekommt, was er will.

Wie wir an Freds Beispiel sehen, beinhaltet *jeder* Neustart im Leben ein gewisses Risiko, denn es gibt keinen absolut sicheren Weg, auf den wir uns verlassen können. Wenn dieser Weg existierte, würde bereits jemand anders das Gleiche tun! Jedes berufliche Vorhaben, das sich – wie meistens der Fall – in noch unbekanntes Terrain vorwagt, beinhaltet also unweigerlich ein Risiko. Und Risiko bedeutet – Stress, nicht wahr?

Risiko ohne Sorge

Fred beschloss, alles aufs Spiel zu setzen und darauf zu vertrauen, dass seine neue Geschäftsidee erfolgreich sein würde. Wir beide führten einige Gespräche, in denen wir uns die Stressfaktoren anschauten, auf die er sich einließ, und die Frage stellten, wie er kreativ damit umgehen könne. In der Zwischenzeit rief er einige Musikerfreunde an und erzählte ihnen von seiner Idee. Sie alle machten ihm Mut.

Auch seine Frau unterstützte ihn, obwohl ihm nicht verborgen blieb, dass sie sich insgeheim doch Sorgen machte. Sowohl die Sorge als auch die Aufregung, die einen neuen Berufsabschnitt begleiten, begannen sich auf sie zu übertragen. Wenn ich mich mit beiden traf, zeigten sie die unterschiedlichsten Gefühle, positive wie negative. Wenn ich sie zu einem ruhigeren inneren Ort leitete, wo sie alles aus der intuitiven Perspektive betrachten konnten, spürten sie genau, dass dieses Projekt gute Chancen hatte und von einer positiven Grundeinstellung getragen war (wir werden diesen Prozess später noch genauer untersuchen). Also beschlossen sie, es in Angriff zu nehmen.

Aber schon bald bemerkte ich, dass das Risiko, das sie auf sich nahmen, ihr emotionales Wohlbefinden beeinträchtigte – denn im Hintergrund lauerte schon die Sorge, dass dieser geschäftliche Vorstoß fehlschlage und ihre damalige finanzielle Situation bedrohte. Da wir miteinander befreundet sind, bot ich ihnen auf dieser Ebene Hilfe an. Aber Fred ist ein eigenwilliger Kerl, er möchte sich keine Blöße geben. Er sagte, keine Sorge, ich habe alles im Griff.

Doch im Laufe der nächsten Tage wurde er, wie er mir erst später erzählte, mehrmals zum Opfer chronischer Sorgen und zitterte innerlich vor Angst bei der Aussicht auf einen totalen Misserfolg. So beschloss er, das Projekt aufzugeben.

Er warf sich die ganze Nacht im Bett herum, und dann gewannen die positiven Aspekte wieder Oberhand über seine negativen Vorstellungen. Ihm ging die Idee einfach nicht aus dem Kopf, sie schien ein Eigenleben zu führen. Also änderte er seine Meinung wieder und war beim Aufwachen entschlossen, sich an die Arbeit zu machen.

Obwohl Fred sich das nicht eingestand, war er inzwischen völlig im Stress, und ein Großteil seiner kreativen Energie wurde vom ständigen Fluss negativer Gedanken und Bilder verbraucht, die ihm ständig durch den Kopf gingen.

Es stellt sich die Frage: Muss er ständig die Last dieser Sorge um die Zukunft tragen, um mit seinem geschäftlichen Vorhaben voranzukommen? Muss er in den Monaten, in denen er abwartet, wie sich seine neue Tätigkeit entwickelt, zum Nervenbündel werden? Müssen sich Verantwortliche, allgemein gefragt, jedes Mal, wenn sie etwas Neues in Angriff nehmen, mit dieser Angst und inneren Qual abfinden? Mit einem Wort: Muss die Arbeit unsere Gesundheit ruinieren und unseren inneren Frieden stören?

Nur wenn wir es zulassen ...

Wie entsteht finanzieller Stress?

Fred und seine Frau kamen einige Wochen später zum Essen zu uns, und vor allem er war mit den Nerven völlig herunter. Er war seinem Impuls gefolgt, sein neues Unternehmen zu starten. Er hatte sein Gitarrenmodell entworfen und die Herstellungszeit sowie die gesamten Produktionskosten eingeschätzt. Er hatte einen Helfer eingestellt sowie Holz und weiteres Zubehör bestellt. Jetzt dauerte es noch eine Woche bis zum Produktionsbeginn, und er saß da und war ganz krank vor Sorge.

»Es ist, als hätte ich mir eine Krankheit zugezogen«, erzählte er mir. »Etwas hat mich im Griff, und ich kann es nicht abschütteln. Warum soll ich überhaupt versuchen, finanziell weiterzukommen, wenn das mit so viel Aufruhr und Sorge verbunden ist, dass ich mich noch nicht einmal mehr daran freue, morgens aufzuwachen?«

Nicht nur Fred, wir alle sind eine von Geld und materiellen Sorgen getriebene Gesellschaft. Die meisten von uns tragen die Last der einen oder anderen Form von chronischem beruflichen Stress, unter der auch Fred zu leiden hatte. Wir reden uns ein, so sei das Leben nun einmal ...

Wir wollen die grundlegende Ursache für Freds Verzweiflung einmal näher betrachten und uns fragen, wie der direkteste Ausweg aus seinem Dilemma aussehen könnte (den er in den nächsten Tagen auch realisierte und einzuschlagen begann):

Punkt 1: Wir verstricken uns nur dann in den Stress und die Qual des Sorgens, wenn wir darüber nachdenken, was in Zukunft geschehen könnte. Unsere körperliche und emotionale Verfassung im gegenwärtigen Augenblick ist von Ruhe, Frieden und Freude geprägt, solange wir nicht beginnen, in die Zukunft zu projizieren und uns vorzustellen, was uns alles Schlimmes passieren könnte.

Punkt 2: Sobald wir aufhören, unsere Gedanken in die Zukunft zu projizieren, und in den gegenwärtigen Augenblick zurückkehren, weicht die Spannung aus unserem Körper und wir fühlen uns körperlich wieder wohl. Auch emotional sind wir dann wieder frei von Sorge und Angst und können uns am Augenblick erfreuen.

Punkt 3: Wir können in jedem Moment entscheiden, wohin wir unsere Aufmerksamkeit richten wollen. Falls es angemessen ist, können wir natürlich über die Zukunft nachdenken, wenn nicht, haben wir jedoch die innere Macht, uns wieder auf den gegenwärtigen Augenblick zu konzentrieren, wo unser Körper sich entspannen kann, wir innerlich zur Ruhe und zu einer positiven Einstellung kommen und unsere Gedanken und Handlungen produktiv und gesund sind.

Die Zukunft überwinden

In den nächsten Tagen fuhr ich, wann immer ich Zeit hatte, zu Fred, der gerade mit seiner neuen Arbeit begann, und half ihm bei der Holzarbeit. Dabei beobachtete ich Folgendes:

Erstens: Solange Fred mit seinen Händen arbeitete und seine ganze Aufmerksamkeit auf das Sägen und Feilen seiner neuen Gitarren richtete, war er so glücklich, wie er nur sein konnte.

> Körperliche Tätigkeit, welcher Art auch immer, hilft uns, in der Gegenwart zu bleiben und Zukunftsängste auf ein Minimum zu reduzieren.

Zweitens: Als Fred eine Pause machte und wir über seine augenblicklichen Gefühle sprachen, konnte er selbst beobachten, wie in seinem Denken wieder die Sorgen dominierten. Wenn er sich dabei ertappte, dass er in die Zukunft schweifte, konnte er sich aber auch zurück in die Gegenwart bringen. Es fiel ihm immer leichter, die kurzen Entspannungspausen frei von der Angst zu verbringen, die ihn vorher gequält hatte, vor allem nachdem ich ihm die Meditation auf die sechs Atemzüge beigebracht hatte.

Wenn wir beschließen, uns kontinuierlich auf die Präsenz unseres ganzen Körpers auszurichten und den gegenwärtigen Augenblick zu genießen, bleiben wir glücklich und zufrieden mit uns, selbst wenn wir einer potenziell risikoreichen beruflichen Tätigkeit nachgehen.

Drittens: Ganz gleich jedoch, was Fred gerade tat, mindestens ein- oder zweimal stündlich driftete er ab in Gedanken darüber, was sein würde, wenn sein Projekt misslang. Er begann sich Sorgen zu machen und war völlig befangen in den körperlichen und emotionalen Qualen, die mit innerer Sorge einhergehen.

Wenn wir uns nicht ständig bewusst machen, welche Gedanken uns im Kopf herumgehen, werden wir automatisch immer wieder an die Zukunft denken und entsprechend besorgt und gestresst sein.

Viertens: Immer wenn Fred sich in sorgenvolle Gedanken über die Zukunft verstrickte oder auch nur in das grundlegende Problemlösungsdenken verfiel, leistete er bei seiner augenblicklichen körperlichen Arbeit weniger, machte Fehler beim Messen, vergaß Dinge usw. Wenn er völlig in Gedanken abschweifte, behandelte er auch seinen Angestellten nicht sehr freundlich und mitfühlend, so dass ihre Teamarbeit darunter litt.

Wenn wir uns Sorgen um die Zukunft machen und uns in innere Bilder, Pläne und Gedanken verlieren, die uns unsere eigene körperliche Präsenz vergessen lassen, leidet unsere Fähigkeit zu produktiven Beziehungen mit Mitarbeitern und Kunden beträchtlich.

Fünftens: Natürlich musste sich Fred auch manchmal auf Pläne und Projektionen konzentrieren, die die Zukunft seines Projektes betrafen. Mehrmals am Tag zum Beispiel setzte er sich an seinen Schreibtisch und rechnete die Zahlen durch. Er verbrachte auch eine gewisse Zeit am Telefon, um mit möglichen Kunden zu sprechen und den Anzeigenmarkt zu erkunden. Und manchmal musste er auch einfach einen Spaziergang machen und seinen Gedanken freien Lauf lassen, um neue kreative Ideen zu entwickeln, die sein neues Unternehmen voranbrachten.

> Einen gewissen Teil unserer Zeit und Aufmerksamkeit müssen wir ganz konkret zukunftsorientierten Gedanken und Plänen widmen. Wenn wir diese Zeiten klar abstecken und nutzen, dann können wir die Aufgaben für unsere Arbeit, die das Projizieren in die Zukunft erforderlich machen, erfolgreich erledigen und damit das chronische Sorgen, das sonst im Laufe unseres Arbeitstages unser Denken verwirren und unsere geistige Aktivität beeinträchtigen würde, überwinden.

Zusammenfassend können wir sagen: Der Faktor, der es uns ermöglich, uns bei der Arbeit von chronischem Stress und Sorgen zu befreien, ist unsere geistige Aufmerksamkeit für die Ausrichtung unserer inneren Konzentration.

> Wenn wir unser Denken in jeder Minute unseres Arbeitstages bewusst lenken, können wir uns genug Zeit nehmen, uns mit der Zukunft auseinander zu setzen, ohne dass die innere Beschäftigung damit unseren ganzen Tag beherrscht. Indem wir zwischen der Ausrichtung auf Gegenwart, Vergangenheit und Zukunft fließend wechseln, halten wir eine Balance, die den Stress auf ein Minimum reduziert, uns ein Maximum an Freude schenkt und uns ermöglicht, körperlich und geistig optimal präsent zu sein.

In all meinen Büchern bin ich früher oder später an einem Punkt angelangt, an dem folgende klare Aussage zu treffen war: Unser primäres Werkzeug für maximale Zufriedenheit im Leben ist unser eigenes Bewusstsein für die Geschehnisse in unserem Leben – sowohl innere als auch äußere.

Hätte Fred sich, als er mit dem neuen beruflichen Projekt konfrontiert war, seine verschiedenen negativen Denkgewohnheiten nicht bewusst gemacht, dann hätte er auch keine Chance gehabt, den Stress zu überwinden, der bei der Arbeit an seinen Kräften zehrte. Seine Fähigkeit, seine Aufmerksamkeit auch auf seine eigenen Denkgewohnheiten zu richten, ermöglichte es ihm, sich in die Lage zu versetzen, die notwendigen Veränderungen auf dieser Ebene vorzunehmen.

Sowie wir gedanklich »auf Automatik schalten«, neigen wir dazu, in eher unproduktive Gewohnheiten zu verfallen. Wenn wir uns unseres augenblicklichen geistigen Zustands überhaupt nicht bewusst sind, ist die Gefahr am größten, dass uns sämtliche Ängste aus der Vergangenheit beherrschen. Und dann haben wir die Tendenz, sämtliche auf der Vergangenheit beruhenden Befürchtungen auf die Zukunft zu projizieren, was uns wiederum chronische Angst einflößt.

Sigmund Freud war der Erste, der über dieses Phänomen sprach, das er als »frei flottierende Angst« bezeichnete, ein Zustand, in dem wir uns immer etwas einfallen lassen, das uns Sorgen macht, obwohl wir in unserer augenblicklichen Situation relativ sicher sind.

Wir sind nun mal in jedem Augenblick auf der Hut vor möglichen negativen Geschehnissen. Wird dieses reflexhafte Verhalten nicht ständig durch eine Überprüfung der Realität im Zaum gehalten, kann es unser Denken völlig beherrschen, so dass wir uns fortlaufend auf all die schlimmen Dinge konzentrieren, die uns passieren könnten.

Die Folge ist chronischer Stress, der durch chronische Sorge um die Zukunft entsteht. Das passiert natürlich nicht nur am Arbeitsplatz, sondern in sämtlichen Bereichen unseres Lebens. Leitende Angestellte, die sich den ganzen Tag lang über geschäftliche Angelegenheiten Sorgen machen, neigen auch zu Hause dazu, alle möglichen negativen Dinge zu befürchten, die eintreten könnten – sie machen sich ständig unnötige Sorgen.

Die einzige Lösung für Menschen, die sich ständig unnötige Sorgen machen, besteht darin, zunächst einmal zu erkennen, dass sie diese Angewohnheit haben, um dann zu handeln und diese Angewohnheit zu überwinden. Und dieses Handeln muss eine Bewusstseinserweiterung beinhalten.

Der Begriff »Bewusstseinserweiterung« ist heutzutage in aller Munde, vor allem in Kreisen des New Age, wo er esoterisch gefärbt ist. Aber nichts ist realer und für unser tägliches Leben wichtiger zu verstehen als die simple Tatsache, dass sich unser Bewusstsein manchmal ausdehnt und manchmal verengt.

Variablen des Bewusstseins

Unser Bewusstsein ist also keine feste Größe, sondern bewegt sich ständig zwischen Verengung und Erweiterung. Und es hängt von klar zu bestimmenden Faktoren ab, ob wir in einem gegebenen Augenblick innerlich relativ eng oder weit sind:

Faktor 1: Wenn wir uns in einen Zustand der Angst oder Sorge begeben, verengt sich unser Bewusstsein.

Faktor 2: Wenn wir uns entspannt und in Frieden fühlen, erweitert sich unser Bewusstsein von selbst.

Faktor 3: Wenn wir uns nicht mehr auf den gegenwärtigen Augenblick konzentrieren, sondern auf Vergangenheit oder Zukunft, geht uns die Wahrnehmung für unsere eigene physische Präsenz und unsere Emotionen und damit eine wichtige Ebene des Bewusstseins verloren.

Faktor 4: Umgekehrt gilt: Solange wir uns unserer körperlichen und emotionalen Präsenz im jeweiligen Augenblick bewusst bleiben, bewahren wir uns eine relativ umfassende bewusste Wahrnehmung.

Faktor 5: Wir können unsere bewusste Wahrnehmung direkt bei der Arbeit und ohne jedes esoterische Gebahren willentlich, sofort und schnell erweitern: indem wir einfache Techniken lernen, die auf die großen meditativen Traditionen zurückgehen und Eingang in die Psychologie gefunden haben.

Dies sind die grundlegenden Gesetze des Bewusstseins, die man uns schon in der Schule beibringen sollte – aber war das der Fall? Eine der frustrierendsten Tatsachen unseres Erziehungssystems besteht wahrscheinlich darin, dass wir unseren Kindern die wichtigsten Dinge des Lebens nicht beibringen.

Wenn Erziehung heißt lernen, unser Denken effektiv zu steuern und bewusster wahrzunehmen, was um uns herum geschieht, warum bringen wir unseren Kindern diese wesentlichen Gesetze dann nicht bei, die ausschlaggebend dafür sind, ob wir unbewusst in den Tag hineinleben oder uns auf einer höheren Bewusstseinsebene bewegen?

Und welcher Arbeitgeber möchte schon, dass seine Angestellten ihre Arbeit überwiegend unbewusst und unbeteiligt erledigen? Warum trainieren wir Angestellte nicht vor allem darin, geistige Schärfe zu entwickeln und ihr Bewusstsein zu erweitern?

Eine grundlegende Absicht dieses Buches besteht darin zu zeigen, wie leicht es ist zu lernen, unser Bewusstsein zu erweitern, damit wir nicht von unseren automatischen – unbewussten – Programmierungen bestimmt werden. Ich hoffe, dass diese Gedanken schon bald konkreter Bestandteil allgemeiner Erziehungsprogramme werden.

Wie uns bei der Arbeit die Sorge packt

Wenn Sie sich auf den Weg ins Büro oder zu einem anderen Arbeitsplatz machen oder wie Fred morgens aufstehen, um ihr eigenes Geschäft zu führen, stehen Sie täglich vor der Herausforderung, Ihre alten Stress auslösenden Denkgewohnheiten zu überwinden, so dass diese nicht Ihren Tag bestimmen und Ihre geistige Wachheit und Leistungsfähigkeit beeinträchtigen.

Wir haben uns bereits überlegt, wie Sie mit kurzfristigen Wartesituationen im Berufsleben so umgehen können, dass kein körperlicher und geistiger Stress entsteht. Aber was ist mit den längerfristigen Wartesituationen, mit denen Sie bei der Arbeit täglich konfrontiert sind? Es gibt im Geschäftsleben viele unterschiedliche Formen des Wartens – ob es nun um den wichtigen Anruf geht, von dem wir nicht wissen, ob er uns heute erreicht, oder um die Frage, wo die Gelder für die im nächsten Jahr anstehende tarifliche Lohnerhöhung herkommen sollen.

- Wer hat zum Beispiel nicht ab und zu Angst um seinen Arbeitsplatz?
- Und was ist mit dem ständigen Konkurrenzdruck?
- Was, wenn Sie plötzlich krank werden?

- Haben Sie sich das richtige Image für Erfolg zugelegt?
- Was werden Sie bei der Konferenz heute Nachmittag sagen?
- Ob die wichtigen Zahlen, die Sie recherchiert haben, auch stimmen?
- Wird der Umsatz schon bald in den Keller gehen?
- Was, wenn bei der Arbeit ein schwerer Unfall passiert?

Das scheint bereits eine lange Liste zu sein, aber wir können endlos so weitermachen ...

- Was ist mit dem neuen Kollegen, der auf Ihren Posten scharf ist?
- Haben Sie Ihre Präsentation letzte Woche vermasselt?
- Ob der Chef einen Weg findet, Sie zu feuern, wenn Sie schwanger werden?
- Hat Ihre neue Freundin gestern Ihren Vorgesetzten beleidigt?
- Was, wenn Sie nicht rechtzeitig eine Lösung für dieses Problem finden?

Und so weiter und so fort. Es gibt wahrlich mehr als genug Stoff, um sich von dem Augenblick an, an dem Sie morgens aufwachen, bis zum Schlafengehen spät am Abend ununterbrochen Sorgen zu machen. Leider ist es tatsächlich so, dass sehr viele von uns ständig besorgt durch das Leben gehen. Wir ermüden uns selbst emotional, geistig und körperlich und untergraben damit unsere intuitive Stärke. Solange wir zulassen, dass unser Denken zügellos umherschweift, und wir uns ständig vorstellen, dass unsere schlimmsten Warteängste wahr werden, verharren wir in einer Opferrolle.

Alles, was Sie tun müssen, um diese verhängnisvolle Position aufzuheben, besteht darin, die Kontrolle über Ihr eigenes Denken zu übernehmen und es so zu steuern, dass es Ihnen nützt, statt Sie zu behindern.

Der Griff nach diesem Buch zeigt bereits Ihre entschiedene Absicht, Ihr Denken und Ihr Leben in die Hand zu nehmen, sich von hinderlichen Verhaltensweisen zu befreien und etwas zu unternehmen, um Ihre Lebensqualität zu verbessern.

Wir wollen uns jetzt wieder auf konkrete Schritte konzentrieren, die Sie unternehmen können, um die Grundsätze des Mind-Managements praktisch für sich zu nutzen.

1. Schritt: **Beobachten Sie Ihre alten Gewohnheiten in Bezug auf die Arbeit**

Beobachtung ist der Schlüssel zum Erfolg für alles, was wir tun. Wenn wir uns nicht überlegen, wie sich unsere alten Gewohnheiten auswirken, können wir sie auch nicht effektiv ändern. Sie eilen zur Arbeit, Sie treffen an Ihrem Arbeitsplatz ein, Sie setzen sich hin und beginnen zu arbeiten. – Beobachten Sie bei diesen täglichen Routineabläufen einmal folgende Faktoren:

- Wird Ihr Atem angespannt und flach, wenn Sie sich auf den Weg zur Arbeit machen und an Ihrem Arbeitsplatz eintreffen?
- Fühlen Sie sich, wenn Sie in der Firma ankommen und Ihren Arbeitstag beginnen, körperlich besser oder schlechter?

- Wird Ihre Wahrnehmung weiter oder verengt sie sich zunehmend, wenn Sie sich an die Arbeit machen?
- Konzentrieren Sie sich bei der Arbeit überwiegend auf den Augenblick, oder schweifen Sie häufig in die Vergangenheit und Zukunft ab?
- Ist bei der Arbeit ein Teil Ihres Denkens ständig in Sorgen befangen, oder sind Sie im Beruf relativ frei von irgendwelchen Befürchtungen?
- Machen Sie regelmäßig Verschnaufpausen, um sich von der Arbeit zu erholen, oder sind Sie den ganzen Tag über im Stress?

2. Schritt: **Bringen Sie Ihre Absicht klar zum Ausdruck**

Wenn wir uns selbst nicht sagen, was wir in unserem Leben ändern möchten, kommen wir niemals zu einem konkreten Entschluss. Wir müssen das System unserer inneren Kommunikation zwischen den verschiedenen Ebenen unseres Denkens begreifen und entsprechend einsetzen, sonst stellen sich die Kommunikationsverbindungen nicht her und wir bleiben festgefahren und nichts ändert sich in unserem Leben.

Vielleicht sollte ich das noch etwas deutlicher erläutern: Unser Bewusstsein besteht aus verschiedenen Schichten. Diese reichen von

- sehr hoch: *intuitiv/spirituell*, abfallend zu
- relativ hoch: *kognitive Vernunft*, abfallend zu
- relativ niedrig: *automatisierte Angewohnheiten*, abfallend in
- die »Löcher«: *unbewusste negative Programmierungen.*

Wenn Sie sich nach einem tieferen, erfüllteren Leben sehnen, dann ist es Ihr höheres Bewusstsein, welches weiß, dass die

Dinge besser laufen könnten, und Sie auffordert, alles in Ihrer Macht Stehende zu tun, um diese Verbesserungen zu realisieren.

Wenn Ihr höheres Bewusstsein sagt: »Lass uns Stress und Sorge abbauen und auf einer höheren Bewusstseinsebene leben, bitte!«, dann hört Ihre kognitive Vernunft das und reagiert darauf. Meiner Beobachtung nach können wir nicht darauf vertrauen, dass Veränderungen in unserem Leben von der Vernunft eingeleitet werden – sie ist nicht der eigentliche »Chef«, sondern führt lediglich Anweisungen aus.

> Der Ruf, der positives Handeln einleitet, muss aus tieferen Schichten unserer Persönlichkeit kommen, aus unserem erweiterten Bewusstsein vom Leben als Ganzem und unserem intuitiven Wissen, dass die Dinge besser sein könnten und sollten.

Und wie so oft haben Sie es selbst in der Hand: Sie müssen einfach innehalten, sich daran erinnern, dass Sie Ihr Arbeitsleben verbessern möchten, und zu sich sagen:

Ich möchte die Angewohnheit des Sorgens aufgeben. Ich möchte bewusster werden und mehr Erfolg und Erfüllung im Leben finden.

Damit haben Sie Ihre tiefere Absicht als ganzes menschliches Wesen zum Ausdruck gebracht, Ihr Denken selbst zu steuern und mehr Lebensfreude zu finden. Sie können diesen Satz natürlich entsprechend Ihrer eigenen Sehnsüchte und Absichten individuell formulieren. Denken Sie aber daran, diese Absichtserklärung mehrmals am Tag zu sich zu sagen, sonst gibt es keinen wirklichen Antrieb für Veränderungen, und diese werden auch nicht von selbst eintreten. *Sie* haben es in der Hand.

3. Schritt:
Gewinnen Sie den gegenwärtigen Augenblick zurück

Lassen Sie uns ein Beispiel anschauen, das Sie dann auf sich und Ihre Arbeitssituation übertragen können.

Stellen Sie sich vor, Sie sitzen in einer Konferenz. Die Atmosphäre ist angespannt, die Probleme häufen sich, die Leute sind schlechter Stimmung, denn unter all den oberflächlichen Spannungen hegt jeder Anwesende die unausgesprochene Angst, dass eine Katastrophe bevorstehen könnte. Vielleicht ist ein neuer Konkurrent auf dem Markt aufgetaucht, vielleicht müssen Sie mit einem negativen Betriebsergebnis rechnen oder die Konzernzentrale zieht in Erwägung, in Ihrer Filiale Stellen zu kürzen ...

Egal, was auch der Fall sein mag, wir alle kennen das Gefühl drohender Gefahr. Die Zukunft sieht düster aus, und jeder sitzt wie auf Kohlen und könnte sofort explodieren.

Schauen Sie sich bei solch einer Konferenz einmal im Raum um. Sie werden feststellen, dass keiner der Anwesenden geistig oder auch emotional in bester Verfassung ist. Das gesamte Treffen ist überzogen von der Dunstglocke, die wir eben beschrieben haben. Die Sorgen haben das Bewusstsein getrübt und alle reagieren nur, statt sich auf eine Ebene höherer Klarheit zu begeben.

Nun, unabhängig davon, was die anderen tun, Sie müssen ihrem Beispiel nicht folgen. Auch mitten in der Hektik solch eines schwierigen Tages haben Sie die Wahl, die Macht und die Mittel, sich sofort auf eine Bewusstseinsebene zu begeben, auf der Sie effektiver und erfolgreicher handeln können.

Ich denke, Sie kennen den Ablauf inzwischen. Ich will ihn trotzdem noch einmal wiederholen, während wir mit unserem Lernprozess fortfahren:

Als Erstes sagen Sie sich selbst kurz Ihre Absicht: »Ich möchte mich in eine bessere innere Verfassung bringen!«

Als Nächstes machen Sie die Meditation auf die sechs Atemzüge, um Ihre Wahrnehmung auf den ganzen Körper auszudehnen und innerlich ruhig und klar zu werden: Atmen! – Herz! – Gleichgewicht! – Der ganze Körper! – Frieden …

4. Schritt: **Strahlen Sie positive Schwingungen aus**

Und jetzt dehnen Sie Ihre Wahrnehmung so aus, dass sie sowohl Ihre ruhig gewordene innere Präsenz als auch das Volumen des Raumes einschließt, in dem Sie sich befinden. Und ein paar Atemzüge lang tun Sie Folgendes:

Mit dem Einatmen atmen Sie Frieden und Harmonie in Ihr ganzes Wesen.
Mit dem Ausatmen schicken Sie Frieden und Harmonie in den Raum.
Atmen Sie innere Entspannung und Sicherheit ein …
Atmen Sie Mitgefühl und Klarheit aus …

Fahren Sie fort, indem Sie sich selbst versprechen, sich zum eigenen Wohle und zum Wohle und Erfolg der Konferenz Ihres inneren Wesenskerns voller Mitgefühl und Klarheit auch dann bewusst zu bleiben, wenn Sie mit den anderen Sitzungsteilnehmern in Kontakt treten.

Was haben Sie mit diesen vier Schritten konkret erreicht?

Sie haben Ihre eigene besorgte innere Anspannung erkannt. Sie haben Ihre Absicht erklärt, etwas zu unternehmen, um diese Anspannung zu überwinden. Sie haben die Schritte getan, um von der inneren Unruhe und Sorge zur Stille zu gelangen und den gegenwärtigen Augenblick für sich zurückzugewinnen. Und Sie haben Ihr kleines Licht leuchten lassen, indem Sie die gewonnene Klarheit und das Mitgefühl sowie Ihr Gefühl von innerer Sicherheit und Vertrauen für die Menschen ausstrahlen, die Sie umgeben.

Das ist keine geringe Leistung. Wenn Sie diese Schritte üben, bis Sie darin perfekt sind und den entsprechenden Bewusstseinszustand sofort aktivieren können, werden Sie bei der Arbeit immer wieder die Person sein, die ein Zentrum an positiven, ruhigen Emotionen bildet und an die andere sich wenden, die Stabilität, Anleitung und Einsicht suchen.

5. Schritt: **Ernten Sie die Früchte des sorgenfreien inneren Zustands**

Wenn Sie den vierten Schritt abgeschlossen haben, sind Sie ein ganzes Stück weiter als noch vor ein, zwei Minuten. Aber jetzt ist es Zeit, die Früchte dieses Vorgehens im Berufsleben zu ernten. Sie sind jetzt die Person, die ruhig und gesammelt ist, während alle anderen aufgeregt und durcheinander sind. Mit einem Wort, Sie sind eindeutig im Vorteil.

Wir wollen uns noch einmal eine grundlegende menschliche psychologische Tatsache ins Gedächtnis rufen, die man uns in der Schule nie beigebracht hat:

> Die höheren Qualitäten des menschlichen Geistes wie intuitive Einsicht, mentale Klarheit und umfassende plötzliche Erkenntnisblitze kommen in uns nur zum Wirken, wenn unser normaler Verstand ruhig wird.

Wenn Sie also den gerade beschriebenen Schritten folgen und Ihr Denken sich dadurch beruhigt (wie wir es bereits gelernt haben), haben Sie Ihr Bewusstsein erweitert und sich damit in einen Zustand versetzt, in dem Sie grundlegend offen für den entscheidenden Durchbruch sind, der den Tag für Ihre Firma retten könnte.

Wie gehen Sie nun weiter vor?

Wir haben an früherer Stelle kurz erwähnt, dass wir uns in das Bewusstsein für die »Echtzeit« und damit für den gegenwärtigen Augenblick versetzen können, in dem wir »alles auf einmal« sehen. Wir haben uns auch die wesentlichen Absichtserklärungen angeschaut, die uns helfen, die intuitiven Pforten unseres Geistes zu öffnen, damit uns Erkenntnisse zuströmen können. Jetzt ist es an der Zeit, diese Schlüsselworte erneut auszusprechen, mitten in Ihrer hektischen Besprechung oder Ihrem Arbeitstag:

»Ich bin bereit zu empfangen …«

Ich kann gar nicht genug betonen, wie wichtig solche Schlüsselsätze für die Umwandlung Ihres Lebens sind. Sie haben machtvolle Gewohnheiten entwickelt, die die Pforten, durch die uns intuitive Erkenntnisblitze erreichen, meist geschlossen halten. Ihre deduktive Gerhinhälfte war lange Zeit Alleinherrscher und hat massive Widerstände dagegen entwickelt, auch nur einen einzigen Augenblick lang passiv zu bleiben.

Um diese Pforten für höhere Einsichten zu öffnen, ist es deswegen ganz wesentlich, bewusst unsere Absicht zu erklären: *»Ich bin offen zu empfangen …«* Dann – und nur dann – nimmt der kognitive Verstand diesen Hinweis auf, zieht sich zurück und lässt zu, dass der Gedankenstrom nachlässt.

Beachten Sie also, dass Sie, wenn Sie denken, die ganze Zeit über »auf Sendung« geschaltet haben. Wenn Sie aber sagen:

»Ich bin offen zu empfangen ...«, durchbrechen Sie dieses Muster und bringen einen neuen Spielplan ein. Und durch diesen Augenblick der Stille, den Sie mit Hilfe der oben beschriebenen Schritte geschaffen haben, öffnen Sie sich für den Zustrom höherer Einsichten. – Und sie werden strömen!

Wenn Sie diese Einsichten empfangen (von Ihrem höheren Bewusstsein, von Gott oder woher Ihrer Erfahrung nach Ihre Einsichten auch stammen mögen), werden Sie bei der Arbeit zu einer Intelligenz, die praktikable Antworten weiß und ihre Fühler am Pulsschlag der Zeit – und der Zukunft – hat.

Es mag wie ein Witz klingen: Wir können die Fragen der Zukunft nur lösen, indem wir ganz in den gegenwärtigen Augenblick kommen. Hätte man uns das nur in der Schule beigebracht ...!

Was wirklich gegen das Sorgen hilft

Ich möchte dieses Kapitel beenden, indem ich hier mit der Diskussion eines Themas beginne, das den Rest dieses Buches bestimmen wird. Ich will mich ohne Umschweife der Frage zuwenden, wo unsere wahre Sicherheit liegt.

Wir haben gesehen, wie das Warten auf etwas eine ganze Reihe negativer Reaktionen in unserem Denken, unserem Körper und unserer Seele auslöst, und zwar nicht nur, wenn wir das Schlimmste befürchten, sondern auch dann, wenn wir uns den bestmöglichen Ausgang unseres Wartedilemmas erträumen. Können wir uns aber von der ständig lauernden Möglichkeit befreien, dass die Zukunft Schlimmes für uns bereithält?

Seit gut zehn Jahren lebe ich auf dem Lande, und wir haben weder Kabelanschluss noch eine Satellitenschüssel. Die Folgen sind bemerkenswert: Genau damit haben wir die primäre Ursache für sorgende Gedanken in unserer Gesellschaft ausgeschaltet – die abendlichen (morgendlichen, mittäglichen und mitternächtlichen) Nachrichten aus aller Welt.

Neulich war ich in Los Angeles und habe bei einigen lieben alten Freunden gewohnt. Ich fand sie in ihrem täglichen Verhalten seltsam paranoid. Sie sprachen ständig über die schrecklichsten Entwicklungen, die man sich nur vorstellen kann, und machten sich Gedanken darüber, was ihnen oder der kleinen Tochter ihrer Freunde oder auch mir alles passieren könnte.

Natürlich weiß ich, dass die Kriminalität ein Problem ist und es in den Straßen von Los Angeles immer wieder zu Schießereien kommt. Aber ich weiß auch aus mehreren statistischen Untersuchungen, dass die meisten Menschen sich Sorgen um Dinge machen, die lediglich einem so kleinen Prozentsatz der Gesamtbevölkerung passieren, dass die Angst, selbst so etwas zu erleben, völlig unangebracht ist.

Warum also diese paranoide Fixierung darauf, dass uns etwas Schreckliches zustoßen könnte?

Als ich die ersten Abendnachrichten gesehen hatte, war diese Frage in weniger als einer Viertelstunde beantwortet. Jeder füttert seinen Kopf täglich mit Bildern von den schrecklichsten Ereignissen – und einige Bilder hätte ich mir selbst nicht einmal ausdenken können ...

An jenem Abend sah ich den in Flammen stehenden Körper eines kleinen Jungen, der aus einem brennenden Haus irgendwo in Houston auf die Straße stolperte! Ich sah den Körper eines Mädchens im Teenageralter, das irgendwo in New England niedergeschossen worden war und in seiner eigenen Blutlache lag. Und natürlich gab es auch genügend entsetzliche Ereignisse in der unmittelbaren Nähe von Los Angeles, wenn man nur genau hinschaute – und die Nachrichtenleute schauen genau hin.

Selbst wenn die Chancen, so etwas persönlich zu erleben, eins zu einer Million stünden: Bei den Nachrichten erleben Sie diese Dinge »aus erster Hand«, als erlitte sie jemand »direkt vor Ihnen«. Natürlich fragen Sie sich dann besorgt, ob so etwas nicht auch Ihnen passieren könnte, wenn Sie an diesem Abend in Los Angeles frische Luft schnappen wollten und einen kleinen Spaziergang machten ...

Ich erzähle dies alles aus zweierlei Gründen. Erstens, um Sie immer wieder darauf hinzuweisen, dass Ihre Angst ständig wächst, wenn Sie die Abendnachrichten anschauen. Die Entscheidung liegt hier bei Ihnen. Zweitens geht es mir um etwas Grundsätzliches: Ganz gleich, was Sie alles unternehmen, um sich vor der Zukunft zu schützen: Es besteht immer die Möglichkeit, dass Ihnen plötzlich etwas Schlimmes passiert, selbst wenn Sie sich mit ständiger Sorge und vielfachen Schutzmaßnahmen optimal abgesichert zu haben glauben.

Eine Freundin von mir war fanatisch auf gesunde Ernährung aus und verhungerte jahrelang fast, weil sie auf Nahrungsmittel verzichtete, auf die sie größten Appetit hatte. Sie war die Verkörperung vollkommener Gesundheit – bis sie auf einer kleinen Treppe stolperte, sich das Genick brach und wenige Minuten später mit 38 Jahren tot war.

Wir können die Risiken des Lebens nicht völlig ausschließen. Und niemand von uns wird lebend aus dem Leben hervorgehen – irgendwann und irgendwo sind wir mit unserem eigenen Ableben konfrontiert.

Es ist also durchaus sinnvoll, sich die Frage zu stellen, was all unserem Sorgen eigentlich zugrunde liegt. Statt voller Angst vor der Tatsache davonzulaufen, dass guten Menschen manchmal schlimme Dinge passieren, sollten wir uns einmal unsere eigene Beziehung zum Tod anschauen und gleichzeitig überprüfen, wie viel Vertrauen wir in das Leben haben.

Sämtliche Ängste beruhen auf unserer Angst vor dem eigenen Sterben. Wenn wir unsere Angst vor dem Tod abbauen, nehmen auch alle anderen Ängste weitgehend ab. Bei der Arbeit gehen all unsere beruflichen Befürchtungen auf unseren grundlegenden Überlebenswillen zurück. Und wenn wir mit der Unausweichlichkeit unseres eigenen Todes keinen Frieden geschlossen haben, werden wir ständig von einer ganzen Reihe von Ängsten und belastenden Gefühlen geplagt – die mit Sicherheit ihren Tribut fordern und uns vielleicht Jahre vor unserem natürlichen Tod umbringen.

Ich habe nicht vor, hier den Glauben an Gott zu predigen, das ist nicht meine Aufgabe als Psychologe und Erzieher. Aber ich möchte Sie immer wieder auf die Möglichkeit hinweisen, dass Sie Ihre unterschwelligen Ängste selbst abbauen können, indem Sie sich tiefer in Ihre Seele versenken und sich das Vertrauen erschließen, das entsteht, wenn wir um diese Bereiche wissen und unsere tiefer liegende spirituelle und menschliche Natur annehmen.

In diesem Lichte wollen wir einmal Ihre vorherrschenden Einstellungen zu Ihrer eigenen Person betrachten. Verdienen Sie es, dass Sie immer wieder Schlimmes erleben? Ist es Ihre persönliche Bestimmung, dass Sie Ihr Leben lang Seelenqualen erleiden? Sind Sie hoffnungslos in negative Gefühle und Einstellungen verstrickt? Oder können Sie Ihr Schicksal selbst in die Hand nehmen und sich für Freude statt für Schmerz entscheiden, für Liebe statt für Hass, für Spaß im Leben statt für Angst?

Im nächsten Kapitel werden wir ergründen, wie Sie der Freude im Leben gegenüber eingestellt sind. Ob Sie es glauben oder nicht, Menschen halten oft an der Sorge fest, weil sie Angst haben, es sich gut gehen zu lassen. Umgekehrt gilt, dass Sie frei werden von Sorge, wenn Sie beschließen, es sich körperlich und emotional gut gehen zu lassen.

4
Lernen Sie reine Vergnügungspausen zu machen

Ich denke, es ist jetzt deutlich geworden, dass sämtliches menschliches Leid, ausgenommen natürlich unmittelbare körperliche Schmerzen, nicht einer äußeren Quelle entspringt, sondern auf unseren eigenen Gedanken darüber beruht, was uns in Zukunft alles passieren könnte oder was wir in der Vergangenheit erlebt haben.

Das ist eine ganz wichtige psychologische und medizinische Tatsache. Aber wie vielen von uns hat man diese Wahrheit vermittelt und außerdem gezeigt, wie wir dieses Wissen anwenden können, um einen Großteil unseres Leides zu verhindern?

> Wenn es also stimmt, dass ein Großteil menschlichen Leidens auf unserer Sorge um die Zukunft oder auf Erinnerungen an die Vergangenheit beruht, dann haben wir nun allen Grund zur Freude, denn damit sind wir perfekt in der Lage, viel Leid in unserem Leben zu lindern.
> Der wesentliche erste Schritt für die Überwindung von Lebensproblemen jeglicher Art besteht immer darin, die grundlegende Ursache dafür herauszufinden. Wir sind jetzt in der Lage, unseren Finger auf die Grundursache für sämtliches menschliches Leid zu legen, das nicht durch augenblickliche körperliche Schmerzen ausgelöst wird.

Bevor wir weitermachen, möchte ich sichergehen, dass Sie dies wirklich verstanden haben. Ich skizziere deswegen noch einmal den gesamten Ablauf nicht körperlich bedingten menschlichen Leidens.

1. Schritt: **Das ursprüngliche Trauma**

Als Kinder wurden wir verletzt. Wir bekamen Angst und machten viele negative Erfahrungen, die dazu führten, dass wir eine konditionierte Angstreaktion auf ähnliche Situationen entwickelten. Viele schlimme Erlebnisse und Lebenstraumen haben wir unmittelbar beobachtet, was zu weiteren inneren Angstreaktionen führte. Und mit Einführung des Fernsehens und seiner Gräuel in den abendlichen Nachrichten und seiner Action- und Horrorfilme wurde unser kleiner Kopf mit scheußlich vielen Eindrücken gefüttert, die Angst auslösten.

2. Schritt: **Sich an die Vergangenheit erinnern**

Immer wenn wir zurückschauen und uns an etwas Beängstigendes oder Schmerzliches erinnern, das wir einmal erlebt oder im Fernsehen oder Kino gesehen haben, reagiert unser Körper auf diese Erinnerung mit der gleichen emotionalen und körperlichen Anspannung, die wir beim ursprünglichen Erleben dieses Traumas empfanden. Meistens ist die Intensität in der Erinnerung schwächer als beim ursprünglichen Erlebnis, aber nicht immer: Ich arbeite täglich mit Klientinnen und Klienten, für welche das Leid, das durch die Erinnerung an ein Trauma ausgelöst wird, bei weitem größer ist als das ursprüngliche Trauma selbst.

3. Schritt: **Die Zukunft vorwegnehmen**

Wenn wir nicht die Gewohnheit hätten, uns vorzustellen, was in der Zukunft mit uns passieren könnte, würden mindestens 90 Prozent unserer Sorgen sowie der daraus folgenden emotionalen und körperlichen Spannungen und Schmerzen aufhören zu existieren. Aber wir verbringen nun mal viel Zeit damit, unsere Zukunft gedanklich vorwegzunehmen.

Wir malen uns eine Situation aus, die vor uns liegt, und spielen gedanklich die schlimmsten Bilder durch, wobei wir uns auf negative Erfahrungen aus unserer Vergangenheit beziehen. Und mit diesem Sich-Sorgen machen wir uns sowohl emotional als auch körperlich regelrecht krank.

4. Schritt: **Festgefahren in chronischem Leiden**

Wenn wir gedanklich ständig in beängstigenden und schmerzlichen vergangenen Erfahrungen versinken und uns vorstellen, was uns in Zukunft alles Schreckliches passieren könnte, sind wir unser Leben lang in Angst und Depression verstrickt. Deswegen ist klar: Der Teil unseres Denkens, der an negativen Zukunftsprojektionen festhält, verursacht einen Großteil menschlichen Leidens. Wenn wir uns dagegen davon abhalten können, uns ständig Sorgen um die Zukunft zu machen, befreien wir uns von diesem chronischen Angstzustand.

> Aus wissenschaftlicher Sicht existiert die Zukunft in Wirklichkeit nicht und wird auch nie existieren. Die Zukunft ist ein reines Konstrukt menschlicher Vorstellungskraft. Wir kreieren die Zukunft, indem wir eine imaginierte Realität in der Zeit nach vorne projizieren, um mögliche Lebensumstände zu schaffen, die auf unseren vergangenen Erfahrungen beruhen. Wir finden auf diesem Planeten Erde keine Zukunft außer in unseren Vorstellungen und Projektionen.

Natürlich leiden viele von uns tatsächlich an chronischen körperlichen Beschwerden. Ein Teil dieses Leidens beruht auf Unfällen oder dem Prozess des Altwerdens. Damit müssen wir uns auseinander setzen. Aber selbst unser körperliches Leiden in der Gegenwart ist, wie die Ärzte jetzt einräumen, häufig psychosomatischer Natur – ausgelöst durch negative gedankliche Vorstellungen.

5. Schritt: **90 Prozent des menschlichen Leidens beseitigen**

Ein großer Teil menschlichen Leidens taucht in den medizinischen Statistiken überhaupt nicht auf, weil wir meistens erst dann zum Arzt gehen, wenn sich unsere emotionalen und mentalen Traumen bereits in körperlichen Symptomen ausdrücken. Wir alle kennen zum Beispiel die Qual eines gebrochenen Herzens, wenn wir uns eine Zukunft ohne unseren Partner vorstellen. Menschen sterben tatsächlich an gebrochenem Herzen, aber medizinisch wird dieses Leiden nicht verzeichnet. Ähnliches gilt für die Sorge, uns könnte jederzeit ein finanzieller Schicksalsschlag ereilen. Diese Form des Leidens, die auf Projektionen in die Zukunft beruht, ist in der ganzen Welt verbreitet, erscheint aber nicht in medizinischen Statistiken.

Das Gleiche gilt für das intensive Leiden, das wir durchmachen, wenn ein Mensch, den wir lieben, vergewaltigt oder überfallen wird oder bei einem Autounfall stirbt. Wenn wir spätabends zu Hause sitzen und auf unsere Tochter, unseren Lebensgefährten oder unsere Eltern warten, erleiden wir manchmal ein regelrechtes Wartetrauma, weil unsere Vorstellungskraft uns die schlimmsten Möglichkeiten vorgaukelt. Und die Krankheit, die wir uns in unserer Phantasie vorstellen, könnten wir ebenso gut wirklich haben – wir leiden ja genauso, als würden wir diese Erfahrung tatsächlich machen ...

Was, wenn wir gegen diesen Sorgen-Mechanismus in unserem Kopf etwas unternehmen und dieses quälende Nachdenken über etwas, das nicht einmal existiert, abstellen könnten? Was, wenn wir den Fluch der ängstlichen Vorahnungen aufheben und kein Leid erleben würden außer dem, das uns unmittelbar hier und jetzt in diesem Augenblick widerfährt?

Als ich anfing, dieses Buch zu schreiben, wusste ich ehrlich gesagt überhaupt noch nicht, dass wir uns einmal mit solch weit reichenden Möglichkeiten befassen würden. Ich hatte vor, Ihnen vor allem zu zeigen, wie Sie die Frustrationen, die aus kurzfristigen Wartesituationen entstehen, vermeiden und diese Situationen nutzen können, um sich neue Einsichten zu erschließen und den Augenblick zu genießen. Hier zeigt sich eine der großen Freuden beim Schreiben eines Buches: Bestimmte Tiefen eröffnen sich uns nur dann, wenn wir uns lange genug in eine Richtung konzentrieren, um zu entdecken, was unter der Oberfläche eines Problems verborgen liegt.

Die Aufgabe ist klar: Wie gewinnen wir die Kontrolle über unseren eigenen Denkmechanismus? Wie stoppen wir ständige Projektionen in die Zukunft, die emotionales Leid und körperliche Symptome auslösen, und leben hauptsächlich in der Gegenwart? Die Antwort ist ebenfalls klar, da wir jetzt mit unserer Frage, wie wir das Wartespiel gewinnen können, ein ganzes Stück weitergekommen sind:

> Um negative Auswirkungen der Zukunftsprojektionen in unserem Leben sofort zu unterbinden, lernen wir die Kraft unserer Aufmerksamkeit und unsere Fähigkeit, klare Absichten zu entwickeln, so einzusetzen, dass wir den Fokus unserer Aufmerksamkeit auf Ereignisse richten, die im gegenwärtigen Augenblick stattfinden. Auf diesem Wege verlassen wir das Phantasieland der Zukunft, das Auslöser für mindestens 90 Prozent unseres Leidens im Leben ist.

Wir haben eine Möglichkeit dieses inneren Umschwenkens bereits gründlicher erforscht. Ich bin mit Ihnen immer wieder den Prozess durchgegangen, sich mit sechs Atemzügen innerlich neu auszurichten. Diesen Prozess wenden Sie vielleicht inzwischen erfolgreich in Ihrem Leben an.

Jetzt möchte ich Ihre Aufmerksamkeit auf einen weiteren grundlegenden Prozess lenken, der auf dem ersten aufbaut und Ihnen ermöglicht, die Angewohnheit des Sorgens um die Zukunft wirklich zu überwinden. Diese Methode beruht auf der Tatsache, dass der Mensch die natürliche Tendenz hat, sich lustvollen Eindrücken zuzuwenden und vor Schmerz zurückzuschrecken.

Mit einem Wort: Sie werden sich nun Ihre Beziehung zum universellen Lustprinzip anschauen und lernen, wie Sie dieses bio-mentale Prinzip positiv für sich nutzen können.

Lust für Anfänger

Es ist biologisch erwiesen, dass wir an ein weit verzweigtes neurologisches Netzwerk angeschlossen sind, welches Botschaften zum Gehirn sendet, die aus der Erfahrung von Schmerz oder Lust resultieren. Bei einfacheren Organismen wie Insekten und Amöben können wir Schmerz und Lust sehr deutlich beobachten. Wenn wir einen Käfer anstoßen, reagiert er mit Rückzug. Das ist die Angstreaktion in einfachster Form. Wenn aber alles friedlich ist und keinerlei Gefahr droht, kommt der Käfer hervor, aus dem Panzer der Schildkröte taucht der Kopf auf usw.

Wir haben uns bis jetzt ausführlich mit der Frage beschäftigt, was bei uns Schmerz, Angst, Leid, Stress, Besorgnis, Anspannung und Trauma auslöst und bewirkt, dass wir dem gegenwärtigen Moment ausweichen wollen. Jetzt sollten wir uns fragen, wie es zu den entgegengesetzten Empfindungen kommt: Was macht uns glücklich? Was schenkt uns Freude, Frieden und das Gefühl, in Harmonie mit uns selbst und der Welt zu sein?

Wenn wir uns gut fühlen, wenn unsere Aufmerksamkeit hauptsächlich auf lustvolle Erlebnisse gerichtet ist, verschwinden unsere Sorgen und Schmerzen zumindest vorübergehend. Wenn wir also lernen, uns der lustvollen Seite unseres Erfahrungsspektrums zuzuwenden, unterbrechen wir den Kreislauf von Sorge und Stress. Wir können nicht gleichzeitig Lust und Schmerz empfinden. Wir können uns in jedem Moment nur auf das eine oder andere konzentrieren. – Wenden wir uns also der Lust zu!

Lust kann definiert werden als ein Gefühl von Freude oder Befriedigung; etwas, das uns Freude schenkt. *Freude* bedeutet großes Glück, Entzücken. Wir empfinden Lust, wenn wir sexuell stimuliert werden, etwas Leckeres essen, einen schönen Sonnenuntergang betrachten, beim Tennisspielen einen guten Schlag landen und bei vielen weiteren Handlungen und Erfahrungen. Wir wollen einmal eine Liste der wesentlichen Quellen für Lust in unserem Leben erstellen und dann lernen, uns in einen inneren Zustand zu versetzen, in dem wir uns mitten in einer Wartesituation auf lustvolle Erfahrungen konzentrieren können.

Körperliche Bedürfnisse und Lust

Als biologische Organismen sind wir Teil eines erstaunlichen neurologischen Systems, welches nicht nur dafür sorgt, dass wir unsere täglichen biologischen Bedürfnisse befriedigen, sondern uns dies auch lustvoll erleben lässt – unsere körperlichen Bedürfnisse.

Unser Körper enthält Mechanismen, die das Gefühl von Hunger erzeugen. Diese körperliche Empfindung bewegt uns, den Hunger zu stillen. Wenn wir das nicht tun, beginnen wir uns schlecht zu fühlen. Wenn wir uns schließlich daranmachen, unseren Hunger zu befriedigen, empfinden wir – Lust!

Die Lust am Essen

Die meisten von uns stillen ihren Hunger, indem sie nicht nur dreimal am Tag essen, sondern auch zwischen den Mahlzeiten immer wieder etwas knabbern. Wenn wir in den gegenwärtigen Augenblick kommen und uns ganz auf das Essen konzentrieren, empfinden wir ein tiefes Gefühl von Lust und Befriedigung. Bei diesem reinen Essgenuss vergessen wir vorübergehend unsere Sorgen und wir fühlen uns glücklich, zufrieden und entspannt. Das ist also ein einfacher Weg, unseren Warteraumen zeitweilig zu entkommen. Konzentrieren Sie sich einfach jedes Mal, wenn Sie essen, ganz auf diese augenblickliche Erfahrung.

Wieder sehen wir, wie wichtig es ist, den Fokus unserer Aufmerksamkeit ganz auf den gegenwärtigen Augenblick zu richten. Wir alle wissen, dass wir selbst beim Essen angespannt bleiben, wenn wir den Kopf voller Gedanken haben. Wir sollten uns deshalb auf unseren ganzen Körper konzentrieren, damit wir uns mit Hilfe des Essens von unseren Sorgen befreien können. In der japanischen Zen-Tradition gibt es einen Spruch, der den Kern dieser Weisheit trifft:

Wenn du isst, dann esse, wenn du schläfst, dann schlafe, und alles wird für dich gut.

Das führt uns schon zum nächsten körperlichen Bedürfnis, dessen Befriedigung lustvoll ist und uns vom Stress des Projizierens in die Zukunft befreit:

Der Segen des Schlafes

Vor einiger Zeit habe ich ein Buch mit dem Titel *Gut schlafen. Ratschläge für schlaflose Nächte* geschrieben. Beim Schreiben dieses Buches machte ich Entdeckungen, auf die ich sonst nie gestoßen wäre. Ich begriff, wie wichtig es ist, mit unserem Schlaf weise umzugehen. Wenn wir müde werden, sehnen wir uns nach Schlaf, wie wir alle wissen. Wir verspüren den tiefen Wunsch, loszulassen und ins Traumland wegzuschlummern. Nichts fühlt sich so segensreich an wie der Augenblick, in dem wir uns dem Schlaf hingeben und erleben, wie sich der chronische Fluss unserer Gedanken einfach in Luft auflöst.

Aber wenn wir unsere kreisenden Gedanken nicht abstellen können, finden wir keinen Schlaf. Statt die angenehme Erfahrung zu machen, unserem Bedürfnis nach Schlaf einfach nachgeben zu können, liegen wir nur allzu oft im Bett und sind körperlich zwar erschöpft, geistig aber völlig angespannt und nicht imstande zu schlafen. Wir werfen uns herum und versuchen Probleme zu lösen, bis wir zum reinen Nervenbündel werden. Und wenn wir dann endlich einschlafen, sind uns sämtliche angenehmen Seiten dieses Prozesses entgangen.

Wie lernen wir einzuschlafen? Mit den richtigen Methoden des Mind-Managements natürlich. Dieselbe alte Geschichte, ein Schuh passt für alles. Machen Sie geistiges Judo, wenn Sie ins Bett gehen, um Ihr Denken abzustellen. Formulieren Sie Ihre Absicht, sich Ihres ganzen Körpers auf einmal bewusst zu werden und die Vorfreude auf den Schlaf willkommen zu heißen. Sagen Sie zu sich: »Ich möchte aufhören zu denken, damit ich mich entspannen und das Gefühl, mich dem Schlaf zu überlassen, genießen kann.«

Jetzt kennen Sie die Meditation auf die sechs Atemzüge wahrscheinlich schon in- und auswendig und können die eben erklärte Absicht in die Tat umsetzen:

Konzentrieren Sie sich auf Ihren Atem ... Ihren Herzschlag ... Ihren ganzen Körper hier in diesem Augenblick ... Sagen Sie zu sich: »Ich bin mir meines ganzen Körpers hier in diesem gegenwärtigen Augenblick bewusst ...«

Und während Sie sich Ihrer selbst in der Gegenwart bewusst bleiben, spielen Sie Ihre Trumpfkarte aus, indem Sie sagen: »Ich möchte mich gut fühlen und glücklich einschlafen ...«

Sie haben die Wahl zwischen Lust und Stress. Sie müssen sich nur daran erinnern, dass diese Entscheidung bei Ihnen liegt und Sie die Techniken des Mind-Managements beherrschen, um entsprechend handeln zu können. Natürlich werden Sie die antrainierte Angewohnheit, nachts im Bett Probleme lösen zu wollen, nicht beim ersten Versuch ablegen können. Aber wenn Sie diese Technik jeden Abend anwenden, werden Sie fähig sein, das Blatt innerhalb weniger Wochen zu wenden und die angenehmen Seiten des Einschlafens zu genießen, statt angespannt dazuliegen, auf den Schlaf zu warten und sich Sorgen zu machen.

Die befreiende Freude an Bewegung

Es gibt zwei Arten menschlicher Bewegung. Erstens Bewegungen, die wir aus Pflicht und Sorge machen und die Aktivitäten dienen, mit den wir angespannt in die Zukunft drängen, ohne viel Spaß daran zu haben. Psychologisch betrachtet verlaufen diese Bewegungen körperlich automatisch. Wir sind dabei innerlich auf die Zukunft ausgerichtet und völlig in Gedanken verloren. Diese Art der Bewegung bereitet uns keine Freude, weil wir im wahrsten Sinne des Wortes »nicht hier« im Augenblick sind, um sie zu genießen. Deswegen bewegen wir uns steif oder träge und ohne jede Anmut. Das ist äußerlich nicht schön anzuschauen und wird innerlich nicht als lustvoll empfunden.

Die zweite Art von Bewegung ist nur möglich, wenn wir hier in der Gegenwart sind und gedanklich nicht in die Zukunft abschweifen. Welch umfassendes Lustpotenzial erschließt sich uns täglich, wenn wir uns bewusst bewegen statt automatisch! Sämtliche Nerven in unserer Muskulatur können unserem Gehirn eine lustvolle Botschaft zuflöten, wenn wir entspannte und anmutige Bewegungen machen. Unser Gehirn klart im wahrsten Sinne des Wortes auf, wenn wir uns lustvoll bewegen.

Wir beginnen hoffentlich schon beim Aufwachen, uns so in der Gegenwart zu bewegen. Wir werden uns langsam unseres Körpers bewusst und verspüren das Bedürfnis, uns zu dehnen und zu strecken. Dieses Dehnen und Strecken ist Folge unseres Bedürfnisses nach körperlicher Bewegung! Und wir sehnen uns nach dieser Bewegung, weil leben heißt in Bewegung sein. Wenn wir schläfrig und steif werden und ständig sitzen, können wir uns nicht mehr für das Leben begeistern. Sobald wir uns konzentriert bewegen, werden wir wieder zutiefst lebendig.

Während ich hier sitze und die Worte in meinen Computer tippe, praktiziere ich natürlich, was ich predige. Ich rate Ihnen, meinem Beispiel zu folgen: Ein Teil meiner Aufmerksamkeit ist beim Tippen auf meine Füße, meine Wirbelsäule und meinen ganzen Körper gerichtet, statt dass ich das Bewusstsein für meinen Körper bei der Arbeit am Computer oder an der Schreibmaschine völlig verliere. Ich lasse zu, dass mein Körper sich bei der Arbeit so bewegt, wie er es will – und das tut er auch!

Selbst wenn wir bei der Arbeit zu einer sitzenden Lebensweise gezwungen sind, müssen wir dabei nicht zu Stein erstarren. Wir haben immer die Freiheit – das will ich doch hoffen –, uns bei der Arbeit ein wenig zu bewegen, uns alle paar Minuten zu dehnen und zu strecken, etwa einmal in der Stunde aufzustehen und eine Minute zu gehen, damit wir uns den ganzen Tag lang in unserem Körper wohl fühlen. Wenn uns diese Bewegungsmöglichkeiten bei der Arbeit verloren gehen, fühlen wir uns am Ende des Tages in unserem Körper nur noch steif, tot und elend – aber das ist unsere eigene Entscheidung!

Und natürlich gibt es eine ganze Reihe von Gelegenheiten, sich körperlich zu bewegen. Diese sollten Sie täglich praktizieren, um Ihre Aufmerksamkeit ganz den lustvollen Empfindungen zuzuwenden, die durch Bewegung ausgelöst werden. Ich empfehle Ihnen, sich täglich mindestens eine halbe Stunde aktiv zu bewegen, wenn Sie mehr Lebensfreude genießen möchten.

Als Junge war ich ständig am Joggen. Laufen war für mich damals die reinste Freude. Später spielte ich Basketball, Fußball, Tennis usw. Als junger Mann nahm ich das Joggen wieder auf. Jetzt, in den mittleren Jahren, gehe ich lieber schnell, schwimme regelmäßig im Meer, hüpfe auf dem Trampolin und arbeite im Garten.

Wie viel Zeit widmen Sie täglich regelmäßig der Bewegung? Und wie oft bewegen Sie sich bewusst und anmutig, statt steif und automatisch, weil Sie ständig Ihren Gedanken nachhängen?

Was tun Sie, wenn Sie Freude an der Bewegung finden

möchten und Ihre Gedanken einfach nicht zur Ruhe kommen wollen? Greifen wir wieder das alte Mantra auf – machen Sie Ihre Absicht deutlich: »Ich möchte diese Bewegungen genießen. Ich möchte das Denken abstellen und mich an meinen Bewegungen erfreuen!« Und dann richten Sie Ihre Aufmerksamkeit auf den Atem, den Herzschlag und das Erleben des ganzen Körpers!

Ich wiederhole nochmals, dass ich keinesfalls etwas gegen das Denken habe. Alles zur rechten Zeit und am rechten Ort. Wenn ich gehe, werde ich in den ersten zehn Minuten innerlich still und genieße die sinnlichen und körperlichen Empfindungen, die meinen Kopf durchfluten. Dann lasse ich zu, dass in diese Offenheit hinein Gedanken fließen. In dieser Zeit werden die inspirierendsten Einfälle in mir lebendig! Ich wüsste nicht, was aus mir würde, wenn ich nicht täglich mehrmals mindestens eine halbe Stunde liefe.

Wie ist es bei Ihnen mit Bewegung – befriedigen Sie den Hunger Ihres Körpers nach regelmäßigen entspannten und anmutigen körperlichen Aktivitäten? Wie können Sie von heute an Ihren Tagesablauf umgestalten, um regelmäßige Bewegung als lustvolle und befriedigende Aktivität mit einzuplanen?

Oft müssen wir natürlich eine gewisse gewohnheitsmäßige Trägheit überwinden, um die Lust an der Bewegung und die befreiende Macht der vollen Konzentration auf Bewegung neu zu entdecken, statt ständig in problemlösenden Gedanken verstrickt zu sein. Manchmal müssen wir zu uns sagen: »Ich tu's einfach – und zwar jetzt!«, aufstehen und den aktiven Gang einlegen. Tun Sie es!

Ah, sexuelle Lust!

Unser Schöpfer hat sicherlich gewusst, dass wir 24 Stunden am Tag immer nur im Kopf wären, gäbe es nicht einige eingebaute Mechanismen in unseren Genen, die uns regelmäßig wieder »zu Sinnen« kommen lassen. Als Therapeut ist mir im Laufe der Jahre sehr bewusst geworden, wie enorm heilsam zum Beispiel der sexuelle Akt ist. Es gibt einfach nichts Effektiveres, um unser Denken abzustellen und unseren ganzen Körper bewusst zu genießen, als dem Bedürfnis nachzugeben, den Mann oder die Frau unseres Herzens körperlich zu lieben.

Wir wollen aber gleich an dieser Stelle unsere Definition des Liebesaktes erweitern, so dass sie sich nicht nur auf den eigentlichen Geschlechtsverkehr bezieht, sondern alles einschließt, was ihn ausmacht – vom ersten keimenden sexuellen Wunsch bis zu den Augenblicken nach dem Koitus, wo wir ruhig, satt und selig daliegen.

Der Sexualtrieb ist zweifellos sowohl ein biologisches Bedürfnis als auch ein emotionaler Wunsch und eine spirituelle Sehnsucht. Das bedeutet, wenn wir uns befriedigend geliebt haben, verschwindet das Bedürfnis nach dieser Form von Lust und Entspannung vorübergehend. Aber schon bald – vielleicht nach einer Stunde, einem Tag oder einer Woche – wächst dieses biologische Bedürfnis erneut. Und wenn wir diese steigende sexuelle Lust zulassen und uns darauf einstimmen, können wir diese biologische Funktion wiederholt zu unserem Wohle nutzen, bevor wir wieder mit unserem Partner oder unserer Partnerin schlafen.

Beispiel: Sie sitzen in Ihrem Wagen, fühlen sich körperlich unbeweglich und nicht besonders gut und verlieren sich ständig in Grübeleien über vergangene oder zukünftige Ereignisse. Sie haben das eine oder andere Problem und bemühen sich bis zum Überdruss um eine mögliche Lösung – völlig umsonst, aber Sie können trotzdem nicht aufhören, sich Sorgen zu machen, was passieren würde, wenn ...

Da hören Sie eine Stimme, die Ihnen etwa Folgendes ins Ohr flüstert: »He, schau dich an, du bist missmutig und frustriert und dein Körper ist wie tot. Möchtest du dein Leben weiter so verbringen? Oder möchtest du etwas unternehmen, damit du dich besser fühlst?«

(Dieses Buch kann Ihnen vielleicht immer wieder »ins Ohr flüstern«, dass es Ihnen freisteht, sich in Ihrem Leben besser zu fühlen, wenn Sie sich nur daran erinnern – und handeln. Deswegen führe ich all diese Beispiele an, die auch Ihre täglichen Erfahrungen aufgreifen.)

Was können Sie also tun, während Sie da in Ihrem Wagen, im Zug, Bus oder Flugzeug sitzen, damit die Gegenwart zum Vergnügen wird, statt eine Last zu sein?

Soll ich Sie noch einmal durch den ersten Teil leiten? Gut, wenden wir wieder die grundlegenden Schlüsselworte an, die Sie bereits kennen: *Absicht ... Atmen ... Herz ... Gleichgewicht ... Der ganze Körper ... Frieden!*

Und jetzt wollen wir uns weitere Dimensionen erschließen, um von der Ebene des Sorgens zur Ebene der Lust umzuschalten:

Als Erstes richten Sie Ihre Aufmerksamkeit auf Ihre Wirbelsäule (wenn Sie Auto fahren, natürlich nicht ganz ...!). Beim Ausatmen spannen Sie die Muskeln in Ihrem Unterleib an und lassen die mit der Muskelspannung einhergehende natürliche Biegung Ihrer Wirbelsäule zu, bis keine Luft mehr in Ihren Lungen ist. Jetzt atmen Sie durch die Nase ein und erlauben Ihrer Wirbelsäule sich aufzurichten, während Sie ganz in die Vertikale kom-

men und Ihr Kopf Richtung Himmel zeigt. Fahren Sie fort, eine Weile so zu atmen. Auf diese Weise laden Sie Ihren Körper mit zusätzlichem Sauerstoff auf und wecken außerdem einen kräftigen Strom von Energien, der, ausgelöst durch die Bewegungen der Wirbelsäule, Ihren ganzen Körper durchflutet.

Achten Sie als Nächstes auf die Bewegungen Ihres Beckens, während Sie so atmen. Das rhythmische Vor und Zurück entspricht den sexuellen Grundbewegungen, die wir alle kennen, und ist außerdem Bestandteil fast jeder Bewegung, die wir machen. Wenn Sie sich auf diese grundsätzliche Bewegung konzentrieren, durch die Sie sich ebenfalls mit Energie aufladen, werden Sie feststellen, dass dieses »Auftanken« im Unterkörper beginnt und wenn auch nicht direkt sexuell, so doch mit Sicherheit lustvoll ist. Genießen Sie diese leichten Bewegungen – und nehmen Sie mit jedem Atemzug wahr, dass Sie diese lustvollen Bewegungen, verbunden mit zunehmender sexueller Energie, machen, wenn Sie zulassen, dass Ihre Wirbelsäule sich bewegt und Ihr Becken diesen Bewegungen auf natürliche Weise folgt!

Erleben Sie nun, was passiert, wenn Sie jetzt zulassen, dass das Bild Ihres Partners oder Ihrer Partnerin (oder wen immer Sie sich vorstellen mögen) allmählich vor Ihrem inneren Auge auftaucht, während Sie sich Ihres Atems, Ihres Herzens sowie der Bewegungen Ihres ganzen Körpers und Ihres Beckens bewusst bleiben. Entdecken Sie, falls noch nicht geschehen, dass Sie jederzeit im ganzen Körper ein lustvolles Empfinden erleben können – ohne dieses nach außen hin auszudrücken –, einfach indem Sie den Schritten folgen, die ich Ihnen gerade gezeigt habe.

Oft können wir beobachten, dass Jungverliebte vor sich hinstarren, während sie von ihrer Freundin oder ihrem Freund träumen und dabei ganz verzückt wirken. Sie stellen sich dabei aber nicht unbedingt den Koitus vor. Liebende denken, wenn sie von ihren Partnern träumen, gar nicht so häufig an bestimmte sexuelle Erinnerungen, außer wenn sie sexuell stark erregt sind und sich in der entsprechenden Umgebung befinden. Meistens verlieren sie sich in das Gefühl tiefer Freude und Zusammengehörigkeit sowie die tieferen spirituellen Dimensionen, welche mit der sexuelle Beziehung hoffentlich einhergehen. – Sie werden feststellen, dass Sie diese Gefühle ebenfalls erleben, wenn Sie bewusst Ihre Wirbelsäule spüren und Ihr Becken sich beim Atmen bewegt.

Und wieder ist der Fokus Ihrer Aufmerksamkeit der magische Schlüssel. Sie können sich auf Ihren Partner konzentrieren oder auf einen unfreundlichen Chef oder Vermieter – Sie haben in jedem Augenblick die freie Wahl. Sie können sich auf Eigenschaften Ihres Partners konzentrieren, die Sie mögen, oder auf etwas, was Ihnen an ihm nicht gefällt – auch diese Entscheidung liegt bei Ihnen.

Warum wir uns meist für Schmerz statt für Lust entscheiden

Eine traurige Realität der menschlichen Natur ist, dass wir uns oft für Schmerz, unseren eigenen Schmerz, statt für unsere Lust entscheiden. Es gibt so viel selbst auferlegtes Leid in dieser Welt! Und warum? Weil wir uns ständig auf Gedanken, Bilder und Erinnerungen konzentrieren, die in unserem Herzen, unserem Denken und unserem Körper negative Gefühle auslösen, statt uns positiv zu stimmen. Wenn wir mit dieser hinderlichen Gewohnheit wirklich brechen und herausfinden wollen, warum wir uns das antun, müssen wir eine Schicht tiefer forschen.

Der Begriff »Lust« sollte in unserer Sprache eines der am meisten gepriesenen Worte sein. Mehr als alles andere möchte jeder von uns sich in seiner Haut wohl fühlen, Freude empfinden und immer wieder glücklich darüber sein, dass er als Mensch auf diesem wunderbaren Planeten, der alles Leben nährt, leben darf.

Aber seltsamerweise reagieren die meisten von uns auf das Phänomen Lust mit gemischten Gefühlen. Biologisch bedingt ist unser Bedürfnis nach Lust natürlich stärker als alle anderen Bedürfnisse – außer dem nach Nahrung und Unterkunft. Aber die Gesellschaft und vor allem die meisten Religionen vermitteln uns nicht unbedingt, dass es richtig, gut oder sogar gesund ist, Lust zu suchen.

Wir alle haben eine ganze Reihe innerer Befürchtungen und Hemmungen, wenn es um unsere Sehnsucht nach Lust geht. Immer wenn wir uns auf den Weg machen, etwas Lustvolles zu erleben, kommen uns entsprechende Ängste und Sorgen in die Quere, die unseren Wunsch nach Lust oft völlig durchkreuzen, so dass wir nicht besonders glücklich, aber – wie wir glauben – sicher aus der Bredouille kommen.

Viele handeln nach der Devise »Sicherheit ist besser als Reue«. Und natürlich ist das, allgemein betrachtet, meist auch vernünftig – solange sich unsere Vorstellung von Sicherheit und Reue in realistischen Bahnen bewegt und nicht von übertriebenen Ängsten und falschen Sicherheitsvorstellungen geprägt wird.

> Die Herausforderung besteht darin, zwischen der Besorgnis um mögliche Gefahren für uns und der Offenheit für positive Erlebnisse den goldenen Mittelweg zu finden. Es ist sehr wohl möglich, dass wir uns völlig auf das konzentrieren, was uns gut tut, ohne es jemals zu bereuen. Wenn wir diese Wahrheit klar sehen, sind wir zu einer wichtigen Einsicht gelangt, die uns hilft, unser Leben positiver zu gestalten.

Die meisten negativen Konditionierungen in Bezug auf Spaß und Lust stammen aus sehr jungen Jahren, einer Zeit, in der wir von den Realitäten des Lebens noch nicht viel mitbekommen und erfahren haben. Wir übernehmen die Ängste unserer Eltern, noch bevor wir imstande sind, sie in Frage zu stellen. Und dann tragen wir sie oft ein Leben lang mit uns herum – zumindest so lange, bis wir uns aktiv davon befreien, indem wir erkennen, dass einige Ängste unserer Eltern mit unsem eigenen Leben nichts zu tun haben.

So flößen Eltern ihren Kindern zum Beispiel massive Ängste vor fremden Menschen ein. Etwa im Alter von sechs Jahren sind Kinder dann so belastet mit all den Ängsten, was ihnen beim nächtlichen Gang auf der Straße alles passieren könnte, dass sie als Erwachsene den Spaziergang auch dann nicht mehr genießen können, wenn ihre Umgebung relativ sicher ist. So wird das schöne Erlebnis eines Spaziergangs verdorben durch all die Befürchtungen, die unter der Oberfläche unserer bewussten Gedanken lauern.

Ähnliches gilt für das Essen. Wenn unsere Eltern Angst vor gespritzten Giftstoffen oder vor dem Dickwerden hatten oder befürchteten, Gott oder wer auch immer würde sie strafen, wenn sie in leiblichen Genüssen schwelgen, dann sind wir in unserem eigenen Leben häufig nicht fähig, ein gutes Essen wirklich zu genießen, auch wenn uns die Gründe dafür gar nicht bewusst sind.

Und heterosexuelle Beziehungen waren – zumindest vor Einführung der (manchmal auch lästigen) Antibabypille – von der massiven Bedrohung einer ungewollten Schwangerschaft betroffen, die den lustvollsten Akt im Leben überhaupt überschattete.

»Bevor ich mich sterilisieren ließ«, erzählte mir eine Klientin einmal und sprach damit für viele Menschen, »war ich nie so entspannt, dass ich Sex wirklich genießen konnte. Zumindest nicht im Vergleich zu dem, was ich erlebte, als ich keine Angst mehr haben musste, schwanger zu werden. Es war, als würde ich im Bett überhaupt erst anfangen, lebendig zu werden und zu entdecken, wer ich sein kann, wenn ich keine Angst habe, wenn ich zulassen kann, dass Sex mir die, Gott, wie soll ich sagen ..., wunderbarsten Dimensionen erschließt!«

Den religiösen Hintergrund betrachten

Ich möchte in religiösen Fragen niemandem zu nahe treten, aber als ehemaliger Presbyterianer möchte ich doch darauf hinweisen, dass unsere christliche Einstellung zur Lust, historisch betrachtet, alles andere als positiv ist. Entsprechend dem, was uns die Bibel vermittelt, wird unsere natürliche biologische Fähigkeit, uns in unserem Leben tagtäglich und beständig gut zu fühlen, regelrecht verdammt.

In gewisser Weise stimme ich den weiseren religiösen Lehren, die zwanghafte und maßlose Formen von Lust ablehnen, voll zu. Wenn wir uns zum Beispiel ausschließlich auf die körperliche Erregung des Koitus fixieren und unser Herz bei der sexuellen Begegnung verschlossen bleibt, dann ist es richtig, dass wir damit uns und unserer Partnerin oder unserem Partner schaden und etwas ändern müssen.

Das Gleiche gilt für unsere anderen biologischen Bedürfnisse. Wenn wir zum Beispiel bestimmte Mängel in unserem Leben kompensieren, indem wir andere Bedürfnisse übermäßig befriedigen, haben wir unter den Folgen zu leiden – Korpulenz und entsprechende Beschwerden, wenn wir zu viel essen, weitere Krankheiten und ein leeres Herz, wenn wir ständig sexuelle Beziehungen suchen, ohne uns tiefer auf sie einzulassen, ein zerrüttetes Leben, wenn wir unseren Hunger nach Macht und Geld über unser Bedürfnis nach Liebe und wirklichen Kontakt mit anderen Menschen stellen usw.

Aber leider münden diese weisen Lehren oft in neurotische Ängste und Ekel vor einem gesunden Ausdruck unserer menschlichen Bedürfnisse. Vor allem in der Sexualität hat deren Unterdrückung verheerende Folgen gehabt, die in subtiler Form auch heute noch tief in unserer Psyche wirksam sind.

Ich habe festgestellt, dass viele Menschen, die sich für relativ frei von unnötigen Hemmungen aufgrund früherer Konditionierungen halten, nach wie vor Angst haben, einfach loszulassen, ihrem tieferen Selbst zu vertrauen statt ihrem kognitiven Denken und sich Leidenschaften jeglicher Art einfach hinzugeben.

Vielleicht sind angstbeladene Hemmungen und unnötige Selbstkontrolle bei uns in der Gegenwart sogar noch stärker ausgeprägt als bei unseren Vorfahren mit all ihren religiösen Verboten. So fürchten wir zum Beispiel nicht mehr unbedingt, in der Hölle zu landen, wenn wir unsere Sexualität ausleben – unsere Angst ist jedoch noch heimtückischer, weil wir glauben, uns in irgendeiner Form selbst zu zerstören, wenn wir unsere Kontrolle durch den Kopf aufgeben. Wir sind oft total besessen von Kontrolle, wenn es darum geht, uns der Erfahrung von Leidenschaft und Lust voll hinzugeben.

Ich sage das keinesfalls, um unsere heutige Gesellschaft abzulehnen. Ich möchte lediglich auf die Tatsache hinweisen, dass unsere materialistisch fixierte Kultur uns sogar noch weniger Anleitung und Rückhalt gibt als frühere, religiös geprägte Gesellschaften, wenn es darum geht, sich Dimensionen des Seins zuzuwenden, die sich uns nicht über das kognitive Denken erschließen. Da wir in spiritueller Hinsicht wenig offizielle Richtlinien bekommen (und die tieferen Dimensionen der sexuellen Begegnung sind mit Sicherheit spirituell), halten wir die Zügel unserer Leidenschaft fest in der Hand, weil wir Angst vor dem haben, was passieren könnte, wenn wir sie einmal loslassen.

Ich habe dieses Thema in meinem Buch *Magische Ekstase* ausführlich behandelt. Eine solche Gründlichkeit ist auch notwendig, um zum Kern unserer Lustfeindlichkeit vorzudringen. Ich möchte hier aber deutlich machen, dass wir, wenn wir uns der Lust hingeben, zuerst einmal die übliche Kontrolle unseres kognitiven Denkens über unser Handeln aufgeben und uns zumindest vorübergehend völlig spontan dem überlassen müssen, was wir gerade tun.

> Ich frage Sie also direkt: Haben Sie tief in Ihrem Inneren Angst davor, die Kontrolle zu verlieren? Wird Ihr Potenzial für intensive und regelmäßige lustvolle Erfahrungen im Leben ständig von Ihrer Angst eingeschränkt, außer Rand und Band zu geraten, wenn Sie einmal loslassen, und das hinterher zu bereuen? Um noch einmal auf die Devise »Sicherheit ist besser als Reue« zurückzukommen: Haben Sie das Gefühl, Ihre Sicherheit zu verlieren, wenn Sie sich Ihrer Leidenschaft hingeben? Mit anderen Worten: Bewegen Sie sich ständig auf der Ebene des Sorgens, weil Sie sich vor dem fürchten, was Sie tun würden, wenn Sie das Sorgen aufgäben und anfingen, sich im Leben dem zuzuwenden, was Ihnen Spaß macht?

Das sind Fragen, die Sie sich einmal ehrlich beantworten sollten, wenn Ihnen auffällt, dass Sie vor dem Thema »Lust« zurückzucken, weil damit unterschwellige Ängste verbunden sind. Es ist sehr wichtig, dass wir uns unsere religiösen und moralischen Einstellungen und Hemmungen, die im Gegensatz zu unseren tiefer gehenden spirituellen Überzeugungen stehen, einmal genauer anschauen. Wenn unser religiöser Hintergrund uns auf bestimmte Ängste programmiert hat (wenn wir nicht wagen loszulassen und unserer grundlegenden menschlichen Natur misstrauen), die für uns eigentlich keine Gültigkeit mehr haben, müssen wir diese Ängste ans Licht bringen und sie überwinden.

Folgende wichtige Tatsache müssen wir in Bezug auf das Loslassen und Hinterher-Bereuen ständig im Hinterkopf behalten: Wenn wir aufgrund chronischer Hemmungen unter Druck stehen, geraten wir natürlich außer Rand und Band, sowie wir all diese Hindernisse beiseite fegen und den Dampf ablassen, den wir jahrelang unter Verschluss gehalten haben. Es ist also nicht klug, plötzlich völlig loszulassen – dazu möchte ich Sie auch nicht auffordern.

Ich möchte Ihnen aber nahe legen, ein tieferes Vertrauen in Ihre eigene menschliche Natur zu entwickeln. Wenn Sie sich in Ihrem Innersten ständig vor Ihrem eigenen freien Selbst fürchten, gibt es wirklich kaum Hoffnung, die Angewohnheit des ständigen Sorgens abzulegen und sich auf eine Gegenwart zu konzentrieren, die Ihnen mehr Freude und Erfüllung schenkt!

Wir können Lust nur dann dazu nutzen, uns aus dem Griff unserer Ängste zu befreien, wenn wir aufhören, sie mit Sünde gleichzusetzen, und darauf vertrauen, dass wir unsere Freiheit auf gesunde Weise zum Ausdruck bringen. Ich möchte Ihnen dafür einen sicheren Weg vorschlagen.

Die reine Vergnügungspause

Wie schon in den Kapiteln zuvor, besteht unser Ziel auch hier darin, die negative Angewohnheit des Sorgens um all die Dinge, die uns in Zukunft passieren könnten, durch positive Gewohnheiten zu ersetzen, die unsere Seele nähren, so dass wir dadurch in unserem Leben eine gute neue Richtung einschlagen.

Wir haben gesehen, dass der ständige Gedankenfluss in unserem Kopf verantwortlich für all den Stress und das Leid ist, die wir erleben, wenn wir gezwungen sind zu warten. Wir haben gelernt, den Strom unserer problemlösenden Gedanken mit Hilfe der Meditation auf die sechs Atemzüge schnell zum Stillstand zu bringen. Jetzt wollen wir herausfinden, wie wir dieses Umschwenken von negativen zu positiven Gefühlen noch weiter unterstützen können, indem wir uns unmittelbar anschauen, wie unsere Beziehung zur Lust aussieht.

Wir wollen und müssen nicht sämtliche Hemmungen auf einmal fallen lassen, um unserem Wunsch nach einem lustvollen Leben nachzugeben. Aber wir wollen in dieser Richtung regelmäßige Fortschritte machen. Das gelingt uns am besten, wenn wir in unserem üblichen Tagesablauf fünf oder sechs Situationen suchen, in denen wir uns ein paar Atemzüge lang öffnen und zulassen, dass unser ganzes Wesen von lustvollen Empfindungen durchströmt wird – um dann die Aufgabe, der wir gerade nachgehen, erfrischt und mit einer positiveren inneren Einstellung wieder aufnehmen zu können.

Ich stelle Ihnen im Folgenden einige Situationen vor, in denen Ihnen diese Freuden leicht zugänglich sind, und Sie können dann wählen, in welcher dieser Situationen Sie aktiv werden wollen – oder sich eigene Situationen überlegen!

Freuden, die umsonst zu haben sind!

Jede der folgenden Situationen bietet Ihnen die Chance, sich nach nur kurzer Einübung sofort in einen Zustand reiner Freude zu begeben:

1. Freude: Sie stehen auf, um sich etwas zu trinken zu holen. Stimmen Sie sich beim Gehen auf die Empfindungen Ihrer

Körperbewegungen ein ... Genießen Sie dieses Gefühl, das sich vermischt mit einem intensiveren Bewusstsein für Ihren Atem, der beim Gehen tiefer wird.

2. Freude: Wenn Sie Ihr Glas an die Lippen führen oder sich zum Wasserhahn beugen, nehmen Sie zuerst einmal einen tiefen Atemzug, konzentrieren sich ganz auf Ihren Durst und lassen dann zu, dass das Trinken Ihr ganzes Wesen erfüllt. Genießen Sie diesen Augenblick der Befriedigung!

3. Freude: Wenn Sie im Sitzen arbeiten, sollten Sie mindestens jede Stunde einmal einen tiefen Atemzug nehmen, sich mit dem Ausatmen auf Ihre Wirbelsäule und Ihr Becken einstimmen und die schaukelnden Bewegungen beim Ein- und Ausatmen spüren ... Lassen Sie zu, dass ein sanfter Strom sexueller Lust durch Ihr ganzes Wesen fließt ... und werden Sie wach für Ihre eigene sexuelle Kraft und Präsenz.

4. Freude: Wo immer Sie sich auch befinden, in der Öffentlichkeit, bei der Arbeit oder zu Hause bei Ihrer Familie, stimmen Sie sich so oft wie möglich auf Ihren Atem und Ihre innere Präsenz im gegenwärtigen Augenblick ein und dehnen Sie dann Ihre Wahrnehmung auf die Luft aus, die Sie umgibt. Schauen Sie jetzt einem Menschen für einen Augenblick in die Augen und lassen Sie zu, dass von Ihrem Herzen ein Gefühl von Liebe und Akzeptanz zu seinem Herzen fließt. Erlauben Sie sich einen Atemzug lang, die Freude der ganz realen Nähe zu einem anderen Menschen zu spüren.

5. Freude: Ganz gleich, wie das Wetter ist, atmen Sie jedes Mal, wenn Sie nach draußen kommen, tief ein und seien Sie dankbar dafür, auf diesem Planeten leben zu dürfen. Schauen Sie zum

Himmel hoch und erfahren Sie die umfassendere Wirklichkeit des Lebens auf dieser wunderbaren Erde.

6. Freude: Stehen Sie, wann immer es möglich ist, früh auf, um nach draußen zu gehen und zuzuschauen, wie die Sonne aufgeht. Lassen Sie sich vom Zauber eines Sonnenauf- oder -untergangs in Ehrfurcht und Freude versetzen.

7. Freude: Stimmen Sie sich so oft wie möglich auf das Zu- und Abnehmen des Mondes ein. Gehen Sie, wenn es klar ist, abends nach draußen und atmen Sie ein paar Momente die Luft ein ... Spüren Sie, wie Ihre Beine auf dem Boden stehen und Ihr Kopf in den Himmel reicht ... und erleben Sie die Weite der Sterne und des Mondes über Ihnen.

8. Freude: Nehmen Sie die Hungergefühle in Ihrem Körper vor jeder Mahlzeit bewusst wahr ... und genießen Sie die Vorfreude auf Ihre nächste Mahlzeit. Wenn Sie selbst kochen, erfreuen Sie sich auch am Ritual des Zubereitens von Nahrung. Und wenn es Zeit ist zu essen, machen Sie vorher noch eine Atempause und spüren Sie, wie Sie wirklich dankbar für Ihr Essen sind ... Geben Sie sich dann ganz dem Genuss des Essens hin, ohne an etwas anderes zu denken.

9. Freude: Machen Sie mindestens einmal am Tag einen Spaziergang, fahren Sie Fahrrad, laufen oder schwimmen Sie oder treiben Sie einen anderen Sport – was immer Ihnen Spaß macht. Gehen Sie an die frische Luft und bewegen Sie sich mit Kraft und Anmut, so dass jeder Muskel in Ihrem Körper lebendig wird und Ja sagt!

10. Freude: Wenn Sie in der Schlange an der Kasse, am Telefon, im Verkehr oder irgendwo sonst warten müssen, dann sehen

Sie darin eine Chance, sich von Ihren Gedanken und Ihrer Arbeit erholen und eine Vergnügungspause einlegen zu dürfen. Ich werde Ihnen die notwendigen Schritte hier nicht noch einmal sagen, denn ich denke, Sie kennen sie inzwischen bestens.

11. Freude: Ohne hier auf äußere Umstände einzugehen, möchten ich Sie ermutigen, Ihre sexuellen Triebe immmer dann zu befriedigen, wenn sich die Chance dazu ergibt. Geben Sie sich dem sexuellen Erlebnis und der Möglichkeit sexueller Entspannung ganz hin. Ich möchte Ihnen vorschlagen, dabei die ganze Zeit Ihren Atem und besonders Ihr Herz bewusst wahrzunehmen und die sexuelle Lust mit der Öffnung Ihres Herzens zu verbinden.

12. Freude: Denken Sie beim Schlafengehen daran, sich zu entspannen, Ihre Gedanken loszulassen und sich allmählich auf Ihre Atmung, Ihren Herzschlag und Ihren ruhenden Körper einzustimmen ... und sich bewusst dem reinen Genuss hinzugeben, in den Schlaf wegzuschlummern ... Beobachten Sie, wie Sie die Kontrolle ganz aufgeben und sich selbst liebevolle Gefühle entgegenbringen, während Sie loslassen ...

Hier haben Sie also zwölf wiederkehrende Gelegenheiten, sofort von Anspannung auf Freude umzuschalten, von Schmerz zu Lust, von Herzlosigkeit zu einer liebevollen Haltung überzugehen. Ihre Aufgabe ist dabei einfach: Denken Sie daran, sich diese neuen Einstellungen, mit denen Sie sich positiv bestätigen, anzueignen und sich auch daran zu halten!

5
Intuitive Erkenntnisblitze während alltäglicher Verzögerungen

Ich möchte in diesem Kapitel der Frage nachgehen, wie wir wiederkehrende Wartezeiten als grundlegende Gelegenheiten nutzen können, eine Pause einzulegen, zu überprüfen, wie wir mit wichtigen Vorhaben im Leben vorankommen, und Zukunftsprojekte auf der Grundlage neu gewonnener Einsichten gegebenenfalls zu ändern. Wir drängen nur allzu oft mit unseren Unternehmungen ohne Pausen voran. Die Folge ist, dass wir Fehler begehen, weil wir nicht innehalten, um uns den nächsten klugen Schritt zu überlegen.

Alles Leben ist, wie wir noch genauer sehen werden, ein natürliches Pulsieren zwischen Aktion und Nicht-Aktion. Beginnend mit dem Rhythmus unseres eigenen Atems und Herzschlags und dem kleineren und größeren Pulsieren all unserer biologischen Systeme bis zur Arbeit der Millionen von Synapsen in unserem Gehirn heißt das dreidimensionale Spiel hier auf dieser Erde »Pulsieren zwischen Gegensätzen«. Und wenn wir diese »Regel des Pulsierens« in unserem persönlichen Leben oder im Berufsleben verletzen oder ignorieren, treiben wir uns meistens an, bis wir schließlich zusammenbrechen – was bestimmt nicht die klügste Art zu leben ist.

Wir haben bereits begonnen, die beiden völlig unterschiedlichen Formen zu erforschen, in denen unser Denken verläuft. Wir befinden uns entweder auf der kognitiven oder intuitiven Ebene. Auf der kognitiven Ebene der Problemlösung sind wir ständig im Fluss der Worte und Bilder gefangen, die uns durch den Kopf gehen. Wir sind ununterbrochen »in Aktion«, solange wir nicht umschalten und als ersten Schritt unseren denkenden Verstand abstellen, um »alles auf einmal zu sehen« und uns in einen entspannten und lustvollen Zustand zu begeben.

Das Warten ist eindeutig ein »Abschalten« im regelmäßigen Hin und Her zwischen Aktion und Nicht-Aktion. Wir telefonieren gerade und sind aktiv – und plötzlich bekommt die Person am anderen Ende der Leitung einen weiteren Anruf und lässt uns warten. Der Fluss wird unterbrochen, und wir sind mit einem Male gezwungen, darauf zu warten, dass dieser Mensch das Gespräch mit uns fortsetzt. In der Zwischenzeit können wir uns eine »geistige Pause« gönnen.

Es hängt von unserer eigenen Einstellung ab, ob wir diese Situation als negative oder positive Unterbrechung unseres Alltags erleben. Wir können ungeduldig dasitzen und uns aufregen, weil man uns auf das Wartegleis abschiebt. Oder wir können uns sofort zurücklehnen, zu uns sagen: »Schön, eine kurze Pause!« und während dieser Pause entspannen.

Pulsieren heißt leben

Können Sie diese Überschrift bestätigen? Sind Sie jemand, der den ganzen Tag lang »in Aktion« ist, ohne auch nur einmal »abzuschalten«, oder unterstützen Sie den pulsierenden

Rhythmus Ihres Lebens bereits, indem Sie mal den aktiven Gang einlegen und dann wieder pausieren, um gründlich zu verschnaufen?

Wenn ich diese Frage stelle, erwarte ich von Ihnen keine abschließende Antwort, hoffe aber, dass Sie im Laufe der nächsten Tage anfangen zu beobachten, wie Ihre »An-« und »Abschaltphasen« aussehen. Soweit ich weiß, war es Thomas Edison, der an seinem Arbeitsplatz ein Feldbett stehen hatte, um sich etwa alle drei Stunden 20 Minuten Pause zu gönnen, in denen er sich hinlegen konnte. Er entdeckte (und das ist wirklich eine großartige Entdeckung!), dass er, wenn er sich regelmäßig 20 Minuten lang völlig entspannte, bis zu 20 Stunden am Tag schnell und kreativ arbeiten konnte – und das jahrelang, Tag für Tag.

In südlichen Gefilden ist es üblich, Siesta zu machen. Bei uns brauchen Sie jedoch einen ziemlich klugen Chef, um die Erlaubnis zu erhalten, während der Arbeitszeit ein bis zweimal 20 Minuten lang ein Nickerchen zu machen. Dabei zeigen psychologische Untersuchungen eindeutig, dass Arbeitnehmer damit gewinnen und nicht verlieren würden ... So belegt eine Untersuchung, die das National Institute of Health vor einiger Zeit durchführte, dass Menschen, die einen achtstündigen Arbeitstag haben, geistig viel leistungsfähiger sind und viel weniger Fehler begehen, wenn sie jede halbe Stunde fünf Minuten Pause machen, sich auf den Rücken legen, ihre Augen schließen und sich völlig entspannen dürfen. Solche Statistiken existieren, aber sie finden in der Arbeitswelt kaum Beachtung.

Der Schlaf ist für uns alle ein großes tägliches Abschalten. Es entspricht offensichtlich unserer Natur, zwischen voller Bewusstheit und Wachheit sowie der totalen Unbewusstheit des Tiefschlafs hin- und herzupendeln. Wie ich in meinem Buch *Gut schlafen. Ratschläge für schlaflose Nächte* ausführlich dargestellt habe, pendeln wir auch während des Schlafes vom Tiefschlaf bis zu den Träumen und dem Fast-Wachsein wie auf einer Achterbahn hin und her.

EEG-Untersuchungen haben gezeigt, dass dieses Pulsieren zwischen voller geistiger Wachheit und verminderter mentaler Aktivität auch tagsüber besteht. Jeder von uns hat offensichtlich seinen eigenen Rhythmus, der tagaus, tagein ziemlich konstant verläuft. Bei manchen von uns sind die einzelnen Phasen länger, bei anderen kürzer – aber wir alle schwingen viele Male am Tag auf und ab.

Wenn Sie anfangen, sich genauer zu beobachten, werden Sie Ihr eigenes Pulsieren zwischen Wachheit und Müdigkeit, kognitiver Schärfe und intuitiver Klarheit, körperlicher Stärke und Schwäche usw. entdecken.

> Kluge Menschen lernen ihre geistige Aktivität während der Höhepunkte kognitiver Klarheit zu nutzen und anzukurbeln und sich in den Phasen relativer kognitiver Schwäche zu entspannen, ein paar Minuten zurückzulehnen und sich für Frieden und intuitive Einsichten zu öffnen.

Menschen sind schlechte Maschinen

Eine Folge der industriellen Revolution bestand darin, dass Menschen so eng mit den Maschinen verkoppelt wurden, die sie bedienten, dass es schien, als wollten sie sich selbst zum Roboter entwickeln.

Wie groß unsere Anpassungsfähigkeit ist! Wir hätten es beinahe wirklich geschafft, zur Maschine zu werden, so stark haben wir uns angetrieben, energetisch völlig einseitig zu funktionieren ...

In Wirklichkeit sind wir aber schlechte Maschinen. Es entspricht überhaupt nicht unserer biologischen Konstitution, ständig mit ein und derselben Geschwindigkeit aktiv zu sein, sei es in mentaler, körperlicher oder emotionaler Hinsicht.

> Weil unsere Energien ständig pulsieren und wechseln, sind wir manchmal in Hochform und dann wieder zu nichts zu gebrauchen. Manchmal sind wir körperlich total fit, dann wieder so träge wie Faultiere. Manchmal sind wir strahlend und glücklich, dann wieder blasen wir Trübsal. Unsere biologische Natur macht uns denkbar ungeeignet dafür, wie Maschinen zu funktionieren. Es ist also in allen Lebensbereichen einfach nur dumm, wenn wir versuchen, uns dazu zu zwingen.

Das erinnert mich an eine wichtige Erfahrung im Berufsleben, die ich mit 17 Jahren machte und die mich sehr geprägt hat. Mein Vater schickte mich los, um ein neues geschäftliches Projekt zu beaufsichtigen, das er gerade in die Wege geleitet hatte, nämlich die Herstellung eines bestimmten Gitarrenmodells, das er selbst entwickelt hatte. Die Fabrik lag in Bakersfield im Herzen des Country- und Westernstils, und die Atmosphäre in den »Mosrite-Guitar-Works«-Werken schien vor allem dadurch geprägt zu sein, dass die Leute dort Däumchen drehten.

Ich sollte die Qualitätskontrolle und Ähnliches übernehmen, zumal der Herstellungspreis bereits ausgehandelt worden war. Aber ich konnte einfach nicht darüber hinwegsehen, dass in der Fabrik ziemlich nachlässig gearbeitet wurde. Immer standen von den etwa 50 Angestellten, die auf dem Boden schmirgelten, lackierten, sägten und die Gitarren montierten, etwa zehn Frauen (in der Fabrik arbeiteten nur Frauen) einfach nur herum, redeten, machten Witze und lauschten der lauten Musik, welche die große Lagerhalle ständig berieselte.

Ich musste darüber schließlich mit dem Chef sprechen und suchte ihn in seinem relativ ruhigen Büro auf, das eine Treppe hoch über der Halle lag.

»Warum sorgen Sie nicht dafür, dass die Leute da unten bei ihrer Arbeit bleiben?«, fragte ich ihn. »Verlieren Sie nicht viel Geld, wenn so viele Nichtstuer einfach herumstehen? Warum stellen Sie keine besseren Arbeiterinnen ein?«

Der etwa 50-jährige Mann lehnte sich in seinem Sessel zurück, blies den Rauch seiner Zigarette von sich und lächelte mich an.

»Was wollen Sie? Dass ich gemein werde und sie zwinge, ihren natürlichen Arbeitsstil aufzugeben?«, fragte er mich ruhig.

»Nun, Sie bezahlen die Frauen für acht Arbeitsstunden, nicht für sechs oder sieben«, entgegnete ich. »Können Sie ihnen das nicht klarmachen? Denken Sie doch nur, wie viel Geld Sie sparen, wenn die Leute kontinuierlich arbeiten würden.«

»Das kenne ich, habe ich selbst erlebt«, sagte er.

»Und?«

»Nun, ich habe in Los Angeles jahrelang für die Firma Fender and Rickenbacher gearbeitet, und die haben ihren Leuten tatsächlich die Peitsche gegeben. Die Folge war, dass sie nur zwei Drittel der Produktion erzielten, die ich aus meinen Damen da unten heute heraushole. Und dann gab es da noch zwölf Prozent Ausschussware aufgrund schmutziger Finger und Produkten, die einfach unbrauchbar waren. Ja, wirklich zum Wegwerfen. Ein Junge kaufte eine Fender-Gitarre aus unserer Fabrik, in der fand er ein angebissenes Sandwich samt Einwickelpapier, das ihm die Saiten versaute – und Ähnliches mehr. Meine Mädels, die sind glücklich, schauen Sie doch. Wenn sie arbeiten, arbeiten sie gut und schnell und sind stolz auf das, was sie tun. Und wenn sie eine Pause brauchen, dann machen sie eine. So einfach ist das. Wir alle müssen ab und zu verschnaufen, und ich vertraue den Frauen. Sie tun ihre Arbeit gerne, und wenn sie wieder aufgetankt haben, machen sie weiter.«

Ich fing das Ganze wieder zu beobachten an und erkannte plötzlich, dass der gute Mann völlig Recht hatte: Ich schaute zuerst einer und dann einer anderen Arbeiterin über einen Zeitraum von mehreren Stunden zu, und sie taten genau, was er gesagt hatte: Sie arbeiteten hart, wurden müde, machten eine Pause und begaben sich wieder an die Arbeit. Sie kannten ihren eigenen Pulsschlag und konnten ihm somit auch folgen.

»Klar, wer das ausnutzt, den werfe ich natürlich raus«, vertraute mir der Geschäftsführer einige Tage später an, als ich ihm meine Beobachtungen mitteilte. »Sie können mich nicht an der Nase herumführen. Die Faulen verschwinden hier innerhalb einer Woche. Da unten sehen Sie die guten Arbeiterinnen, und die bekommen so viel freie Zeit, wie sie brauchen, um weiterhin gut zu arbeiten.«

Was halten Sie von folgender Theorie?

> Wenn Geschäftsführer ihre Angestellten zwingen, ohne Pause und ohne Gefühl für den Rhythmus des Tages durchzuarbeiten, ist der Ertrag am Ende ebenso gering wie die Zufriedenheit der Arbeitenden. Wird Arbeitern und Angestellten hingegen erlaubt, ihrem eigenen Rhythmus zu folgen und zwischen Hochleistung und maximaler Produktivität sowie Verschnaufpausen, in denen die Leistungskurve abfällt, zu wechseln, dann werden alle Beteiligten davon maximal profitieren.

Der Stress leitender Angestellter

Wir wollen jetzt einen genaueren Blick auf Geschäftsführer und leitende Angestellte werfen. Sie sind nicht nur zehnmal oder öfter am Tag gezwungen, kurzfristig zu warten, sondern sind auch immer wieder langfristigen Wartesituationen ausgesetzt, die sie oft schwer belasten.

Mein Vater wartete darauf, dass seine 500 Gitarren gut gebaut wurden. Außerdem galt es herauszufinden, ob die Leute die Instrumente auch kaufen würden, wenn sie erst einmal auf dem Markt waren. Und er wartete auf die Bewilligung seines Kredits, um die zweite Hälfte der Vorauszahlungen für die Herstellungskosten leisten zu können. Außerdem wartete er, ob Johnny Cash and the Ventures, Bob Dylan und zehn weitere Musiker, denen er Probeinstrumente geschickt hatte, seine Gitarre für gut befanden oder nicht.

Ich wusste von seinem Stress, denn wir telefonierten in jenem Sommer, in dem er in Idaho und ich in Kalifornien war, regelmäßig miteinander. Ich wusste auch, dass es noch etwa ein Dutzend weiterer Stressfaktoren gab, die ihn ständig bedrückten. Er war sein Leben lang schlicht und einfach ein Workaholic gewesen. Als er für eine Woche nach Kalifornien flog und ich ihn bei seinen zahlreichen verschiedenen geschäftlichen Verhandlungen begleitete, wurde mir klar, dass mein Vater sich im Laufe seines anstrengenden Tagespensums nicht eine einzige Minute Verschnaufpause gönnte – ganz im Gegensatz zu den Arbeiterinnen in der Mosrite-Fabrik und dessen Geschäftsführer.

Ganz im Gegenteil, er lief ständig auf Hochtouren. Als ich ihn darauf hinwies, schaute er mich so finster an, als würde ich seine ganze Geschäftstüchtigkeit in Frage stellen. »Es ist ein Unterschied, ob Menschen stundenweise arbeiten oder eine leitende Funktion haben«, sagte er einfach. »Die Arbeiter haben es leicht. Sie benutzen die Stechuhr, tun gerade so viel, dass sie ihren Job nicht verlieren, und gehen nach Hause, um sich zu amüsieren. Schau mich doch an, wenn ich mich nicht ständig um alles kümmern würde, würde alles in fünf Minuten zusammenbrechen.«

Ich wollte ihn eigentlich fragen: »Dad, geht es denn nicht auch darum, das Leben zu genießen? Und was ist mit dem Stress, der sich doch auf deinen Körper auswirkt, und was ist ...«, aber ich wusste genau, was er darauf antworten würde, und so schwieg ich.

Nachdem mein Vater zurück nach Idaho geflogen war und ich für den Rest des Sommers in die Fabrik zurückkehrte, war das Zusammensein mit den Leuten in Bakersfield das reinste Vergnügen. Mein Vater hingegen machte in seinem mörderischen Tempo weiter, bis es ihn tatsächlich umbrachte und er an einem Herzanfall starb.

Ich glaube, vieles von dem, was ich in diesem Buch schreibe, ist durch den Wunsch motiviert, mein Vater hätte es noch lesen können, um sich zu entspannen und länger zu leben und auch seine Enkelkinder noch kennen zu lernen.

Wir haben die Wahl ...

Langfristiges Planen beim Warten

Wir machen Pläne, setzen sie in die Tat um und warten ab, was daraus wird. Der größte Teil des Berufslebens und auch anderer Lebensaspekte (wie das Großziehen von Kindern!) ist vergleichbar mit dem Abschießen einer Rakete zum Mond: Die Rakete wird entworfen, gebaut und gestartet. Und dann ist man gespannt, ob sie ihr Ziel erreicht, wie ursprünglich geplant.

> In manchen Zeiten arbeiten wir hart. Wir sind voll in Aktion und platzen vor Energie und Ideen. Dann wieder gibt es Zeiten, in denen wir – hoffentlich – dem natürlichen Pulsschlag folgen, langsamer machen, den Arbeitsgang herunterschalten und uns mit den Notwendigkeiten befassen, die in den besonders aktiven Zeiten zurückstehen müssen.

Mein Vater hatte mit seinen Gitarren keinen Erfolg. Er verlor bei diesem Projekt sehr viel Geld. Seit ich damals an dieser Katastrophe teilhatte, habe ich immer wieder überlegt, was genau dabei schief ging, und andere Unternehmen beobachtet, die die Fehler meines Vaters wiederholten oder Erfolg hatten, indem sie diese vermieden. Ich bin dabei zu folgendem Schluss gekommen:

Da er als Geschäftsmann ständig in Aktion war, machte er nie lange genug Pause, damit der aufgewirbelte Staub sich setzen und er seine Lage neu einschätzen konnte, indem er den Markt genau beobachtete.

Seine Idee und seine Absicht waren klar und eindeutig, daran kann kein Zweifel bestehen. Beim Planen und Ausführen seiner Vorstellungen arbeitete er gut und gründlich. Sein Fehler war aber, dass er sich nicht regelmäßig entspannte, wenn sein Kopf, sein Körper und seine Seele nach einer Pause verlangten. In seinem Kopf arbeitete es ständig, deswegen konnte er nicht genug Signale von der Außenwelt empfangen, um sein Produkt auf den aktuellen Markt abstimmen zu können.

Ich möchte meinen Vater damit nicht kritisieren. Er war ein Mann mit einem großen Herzen und einer großen Seele, der unter anderen Umständen auch großen Erfolg gehabt hätte. Aber er glaubte, zu Erfolg käme man nur, indem man ununterbrochen arbeitet. Er konnte keine Wartezeiten zulassen, in denen man in friedlichen und stillen Augenblicken, Stunden, Tagen oder sogar Wochen Abstand zum Ganzen gewinnt, in denen plötzlich neue Einsichten auftauchen, die die eigene Absicht noch klarer werden lassen.

Das Bild vom Spitzenmanager, der sich hin und wieder ausruht, scheint sowohl der Definition dieser Position als auch der Erfahrung zu widersprechen. Entweder erschleichen sich unsere Führungskräfte in ihrem Tagesablauf Pausen, die niemandem auffallen, oder sie erholen sich überhaupt nicht von ihrer chronischen Workaholic-Manie. Lassen Sie uns diese Möglichkeiten einmal genauer anschauen.

1. Fall: **Führungskräfte, die heimlich Pause machen**

Diese Führungskräfte wissen, woher ihre Inspiration stammt – aus den Zeiten, in denen sie abschalten. Sie fördern diese Augenblicke von Frieden und Stille »heimlich«. Ich kenne einige leitende Angestellte, die die Tür ihres Büros regelmäßig abschließen, telefonisch nicht erreichbar sind und in der einen oder anderen Form meditieren, um sich schnell auf die Ebene des inneren Friedens und der Intuition zu begeben. Sie tun das mit sehr viel Hingabe, weil sie um die tiefere Quelle ihrer geschäftlichen Stärke und Präsenz wissen. Aber sie glauben sich gleichzeitig lächerlich zu machen und möglicherweise ihre Führungsposition zu verlieren, wenn ihre Angestellten sehen, dass sie ein »Nickerchen« machen.

2. Fall: **Führungskräfte, die ausbrennen**

Diese Persönlichkeit ist uns allen gut bekannt. Solche Menschen in leitenden Positionen haben innerlich so wenig Vertrauen in ihr Tun, dass sie glauben, sie müssten die Dinge erzwingen, damit überhaupt etwas passiert. Statt sich an der Teamarbeit zu beteiligen und der natürlichen Entwicklung und dem Fluss eines Projektes zu folgen, glauben sie jeden Schritt manipulieren zu müssen. Sie regieren mit ihrem Ego, nicht mit dem Geist. Und sie agieren auf der Grundlage herzloser kognitiver Entscheidungen, statt Herz und Seele beim Entscheidungsprozess mit einzubeziehen. Sie üben niemals Nachsicht. Tief in ihrem Inneren haben sie Angst, auch nur eine Sekunde stehen zu bleiben – wenn sie eine Verschnaufpause machten, würden sie von negativen Gefühlen überschwemmt werden.

3. Fall: **Ausgezeichnete Führungskräfte**

Natürlich gibt es hier noch einen dritten Persönlichkeitstyp zu beachten. In anderen Büchern habe ich diese Menschen als »bewusste Kapitalisten« bezeichnet. Sie geben ihr Wissen, wie wir Menschen funktionieren und wie wir im Berufsleben maximalen Profit erwirtschaften und gleichzeitig ein Maximum an Mitgefühl, Einsicht und Freude erreichen können, an andere weiter. Diese Führungskräfte bewegen sich nicht nur im Einklang mit ihrem eigenen Pulsieren zwischen Aktion und Nicht-Aktion, sondern praktizieren einen Führungsstil, der auch den natürlichen Rhythmus der Angestellten respektiert und diese ermutigt, ihm zu folgen.

Wie schaffen es diese bewusst lebenden Führungskräfte, dass sie allen Herausforderungen kreativ begegnen können? – Sie sorgen in jedem Stadium eines Projekts dafür, dass der Arbeitsplan auch periodische Pausen enthält, in denen alle Aktivitäten vorübergehend zurückgefahren werden, der Kopf eine Auszeit erhält und der »geistigen Empfänglichkeit« oberste Priorität eingeräumt wird.

Ich hoffe, dass dieses Buch leitenden Angestellten und Führungskräften sämtlicher Branchen hilft, aus ihrem sprichwörtlichen stillen Kämmerchen hervorzukommen und auch ihr Bedürfnis nach regelmäßigen Erholungspausen von der üblichen geistigen Plackerei offen einzugestehen.

Denken Sie daran, dass das für ein genaues Planen wichtig ist. Wenn regelmäßige geistige Erholungspausen sowie körperliche Bewegung und emotionale Lust im Kern des Arbeitsplans berücksichtigt werden, dient dies beispielsweise der geistigen Verfassung aller Teilnehmer einer Konferenz. Intuitive Einsichten können freier fließen und Planungen erreichen ein Maß an Klarheit, das geistige Schwerfälligkeit und die Überbetonung der eher langsam arbeitenden deduktiven Vernunft sicher nicht ermöglichen würden.

Die Theorie in die Tat umsetzen

Wahrscheinlich stimmen die meisten von Ihnen an diesem Punkt damit überein, dass Entspannung und Offenheit für intuitive Einsichten jede Planungssitzung nur bereichern können. Aber wie bewirkt eine Führungskraft konkret, dass auf diese Ebene umgeschaltet wird?

Ich füge hier einige allgemeine Vorschläge an, die in mündliche Zitate gefasst sind, so dass sie auf verschiedene Gruppensituationen übertragbar sind:

Offizielle geschäftliche Planungskommission: »Gut, wir haben uns geistig jetzt ganz schön verausgabt. Ich schlage vor, dass wir fünf Minuten Pause machen, unser Bemühen um diese Frage ruhen lassen, uns einfach entspannen, damit wir wieder zu Atem kommen und unser Kopf sich etwas erholen kann. Schauen wir einmal, welche Ideen uns spontan kommen, wenn wir in den nächsten paar Minuten einfach auf Empfang schalten, okay?«

Teamarbeit: »Ich weiß nicht, wie es Ihnen geht, aber mein Kopf qualmt. Ich schlage vor, dass wir fünf Minuten Pause machen, um wieder zu Atem zu kommen, uns zurücklehnen und uns auf unsere Intuition einstimmen, um ein paar neue Ideen zu gewinnen. Einverstanden?«

Drei-Personen-Konferenz hinter verschlossenen Türen: »Ich weiß, wir haben nur noch 20 Minuten Zeit und haben das Problem noch nicht einmal zur Hälfte gelöst. Vielleicht ist es jetzt Zeit für das, was der Manager-Guru letzte Woche gesagt hat, nämlich auf die linke Gehirnhälfte umzuschalten, um zu sehen, welche Ideen uns dann spontan kommen. Wie ich es verstanden habe, entspannen wir uns einfach, konzentrieren uns auf unseren Atem, unseren Herzschlag, unseren ganzen Körper hier im gegenwärtigen Augenblick ... und lauschen einfach ein paar Minuten, statt zu reden. Einverstanden?«

Allein am Schreibtisch: »Ich komme hiermit einfach nicht weiter. Die ganze Anstrengung führt zu nichts. Was soll ich machen? Ich habe nur noch einen Tag Zeit und habe mit dem Bericht noch nicht einmal angefangen. Ich höre einfach auf, mich zu drängen, und schaue, was auf mich zukommt. Ich werde mich für diese Sache nicht umbringen.«

Familienkonferenz: »Wir schreien uns hier einfach nur an, das bringt überhaupt nichts. Was haltet ihr davon, uns eine Minute Zeit zu nehmen, um einfach still zu werden und uns auf unser Herz zu besinnen, ja? Erinnert euch daran, dass wir uns eigentlich alle gern haben, und schaut, was geschieht, wenn wir einfach loslassen und uns öffnen, gut?«

Der Präsident im Fernsehen: »Ich möchte meine Rede einmal nicht auf die übliche Art beenden, indem ich meinen Mund schließe und aufhöre zu sprechen, sondern mit Ihnen zusammen zwei Minuten still bin, so dass wir uns gemeinsam entspannen und Frieden und Liebe spüren. Wenn wir uns einfach auf unseren Atem, unser Herz und unseren ganzen Körper hier im gegenwärtigen Augenblick einstimmen, können wir fühlen, dass wir wirklich eine Gemeinschaft sind. Wir können unser Herz für die spirituelle Ebene öffnen und zu wirklicher Einsicht gelangen ...«

Soweit einige Tipps für den Anfang. Sie werden sicher in der nächsten Zeit Ihre eigenen Formulierungen für diese Fragen finden!

Intuition und Vernunft

Lassen Sie mich kurz ein Thema erwähnen, über das ich immer wieder spreche, seit der spirituelle Lehrer Thakin Kung mich in meinen jüngeren Jahren auf Folgendes hinwies: Obwohl wir zwei deutlich unterschiedene Gehirnhälften haben – die linke analytische und die rechte ganzheitliche –, existieren zahlreiche neurale Verbindungswege zwischen beiden. Wir müssen also, wenn wir uns dem Kognitiven und Intuitiven zuwenden, nicht zwangsläufig in Entweder-Oder-Kategorien denken. Auf dem Hintergrund dieses Verständnisses, das meiner Erfahrung nach die ganze Tiefe des Menschseins auslotet, ist eine harmonische Zusammenarbeit der beiden Gehirnhälften das Ideal.

Obwohl ich diese Worte damals hörte, brauchte ich lange, um dieses Gefühl von Einheit selbst zu erleben. Ich bin sicher, Sie wissen, was ich meine, denn wir alle sind in einer Zeit aufgewachsen, welche die logische, deduktive linke Funktion des menschlichen Gehirns sehr schätzt, während sie der zugegebenermaßen etwas mysteriösen, intuitiven Seite des Gehirns misstrauisch oder offen geringschätzig gegenübersteht.

> Der wesentliche Unterschied zwischen linker und rechter Gehirnhälfte sowie zwischen kognitiver geistiger Aktivität und intuitivem oder sogar mystischem Denken besteht darin, dass wir unseren deduktiven, denkenden Verstand kontrollieren können – nicht aber unser kreatives »Aha!«-Denken, das uns manchmal auch ungewöhnliche Einsichten erschließt.

Unsere deduktive Vernunft ist unser Werkzeug zum Überleben. Es löst Probleme für uns. Es sucht durch vernünftiges Denken nach dem logischen Tun oder der Wahrheit. Und es gehorcht unseren Befehlen! Wir geben unserem Kopf die Anweisung, eine Einkaufsliste zu erstellen, und schon macht er sich an die Arbeit. Wir sagen ihm, er solle einen Plan für das Gelingen des einen oder anderen Projekts entwickeln, und schon beginnt er sich dafür einzusetzen. Welch zuverlässiges Arbeitspferd ist doch unser Verstand!

Die rechte Gehirnhälfte gleicht dagegen der dunklen Seite des Mondes – wer kann schon wissen, was in jenem mysteriösen Schatten lauert! Wir wissen zwar, dass unsere neuen Ideen und unsere Kreativität aus diesem geheimnisvollen Reich des Bewusstseins stammen. Aber wir können diese Gehirnhälfte nicht willentlich zur Arbeit bewegen. Vielleicht brauchen wir neue Einsichten, aber wir können diese nicht erzwingen. Vielleicht müssen wir kreativ sein, aber diese Kreativität fügt sich nicht einfach unseren Launen.

Als Sohn eines Erfinders, der aber eher psychologische als musische Neigungen hat, habe ich natürlich daran gearbeitet, neue Wege zu entwickeln, wie wir die intuitive Muse willentlich wecken können, und wir sind inzwischen ein ganzes Stück weitergekommen. Ich habe Ihnen bereits meine völlig durchstrukturierte Version der Aktivierung der Intuition vorgestellt, die ich den Teilnehmerinnen und Teilnehmern meiner Seminaren in komplexerer Form vermittele. Und Sie kennen die Grundregeln dieses Spiels: Wenn der ständige Gedankenfluss im Kopf mit Hilfe der Schritte, die ich Ihnen beigebracht habe, zum Stillstand kommt und Sie dann zu sich sagen: *»Ich bin offen zu empfangen«*, dann werden Sie auch mit ziemlicher Wahrscheinlichkeit etwas empfangen. Wir können Intuition zwar nicht erzwingen, aber wir können mit Sicherheit die Tür öffnen und neue Einsichten zum Eintreten einladen!

Aber wie gehen wir vor, um mit unserer intuitiven Seite in Kontakt zu bleiben, wenn wir uns mitten im Brainstorming befinden und Probleme lösen wollen, die mit der Vergangenheit oder Zukunft zu tun haben?

Ich habe mir lange Zeit erfolglos darüber Gedanken gemacht. Schließlich fand ich aber die Antwort auf die Frage, wie ich die beiden Seiten meines Gehirns verbinden kann, und zwar in meiner Arbeit mit den sieben Chakren oder energetischen Zentren, die sich entlang der Wirbelsäule befinden. Sie können dies detailliert in meinem Buch *Das Erwachen der Kundalini* nachlesen.

> Wenn ich mich primär auf das Herz in meinem Körper konzentriere und mir gleichzeitig meines Atems bewusst bleibe (wie wir es gelernt haben) und dann mein denkender Verstand zu arbeiten beginnt, tut er das in einer erweiterten Form, welche die Erweiterung und das »Alles-auf-einmal-Sehen« des intuitiven Verstandes einschließt.

Was hier geschieht, ist ziemlich klar: Das Bewusstsein erweitert sich, um beide Funktionen des Verstandes gleichzeitig als ganzheitliche Erfahrung in die Wahrnehmung einzubeziehen. Ich finde das wirklich aufregend – der entscheidende Wendepunkt menschlicher Evolution in Bezug auf das Bewusstsein, wenn man so will!

Die Bedeutung des Herzens

Sie können in den nächsten Wochen selbst hiermit experimentieren. Gehen Sie immer wieder kurz zur Wahrnehmung des ganzen Körpers über, bleiben Sie mit Ihrer Aufmerksamkeit bei der Herzregion und Ihrem Atem und nehmen Sie ohne Anstrengung wahr, wie Ihr Alltagsdenken wieder einsetzt – und sich durch Ihre kontinuierliche Ausrichtung auf Ihr Herz ändern wird.

Im nächsten Kapitel werden wir uns Ihrem Liebesleben widmen, dem Warten auf Erfüllung in der Liebe und der Verwirklichung dieser Erfüllung – und vielem mehr. Ich freue mich darüber, dass ich Sie am Ende dieses Kapitels dabei begleiten darf, sich auf Ihr Herz zu konzentrieren. Dabei wird Ihnen immer klarer werden, wie zentral die Wahrnehmung Ihres Herzens für die Arbeit Ihres Verstandes und – wie wir gleich sehen werden – auch für die Erfüllung Ihrer Liebesträume ist.

Die Fixierung auf unsere Herzensgefühle ist nur die eine Seite unseres Glückes in der Liebe und in all unseren tiefer gehenden Beziehungen. Wir sollten uns bemühen, unsere Wahrnehmung von Moment zu Moment so zu erweitern, dass unsere Herzensgefühle, unsere kognitiven Gedanken und Pläne mit unseren intuitiven und spirituellen Einsichten und Erkenntnissen verschmelzen – vor allem in den ruhigen Zeiten des Wartens.

Wenn es gelingt, diese drei Elemente zusammenfließen zu lassen, sind wir in der Lage, uns noch weiter öffnen zu können und das aufregendste Element wahrer Liebe einzubeziehen – unsere Sexualität, die so viel Lust und Freude birgt!

6
Erfolgreich auf die wahre Liebe warten

Dieses Kapitel ist einer ganz speziellen Art des Wartens gewidmet, die wir alle schon das eine oder andere Mal erlebt haben – dem Warten auf die große Liebe. Umfragen haben ergeben, dass ein Drittel der amerikanischen Bevölkerung im heiratsfähigen Alter keine wirkliche Liebesbeziehung hat, obwohl sich die meisten dieser Menschen danach sehnen, der Person ihrer Träume zu begegnen. In diesem Kapitel wollen wir herausfinden, wie wir dieses Wartespiel durch Eigeninitiative gewinnen können.

Außerdem werden wir sehen, ob und wie sich die Dynamik des Wartens auf die Liebe auch auf langfristige Beziehungen übertragen lässt, in denen wir oft gezwungen sind, darauf zu warten, dass ein geliebter Mensch zurückkehrt, sich emotional auf uns einlässt, oder in denen wir eine Phase durchlaufen, in der wir uns innerlich ständig einsam fühlen, obwohl wir körperlich zusammen sind.

Eingeflochten in unsere Überlegungen sind drei spezielle Übungen, von denen wir alle in der Liebe profitieren können. Die erste ist eine Meditation, die wir praktizieren können, um in der Stille genau den Menschen anzuziehen, dem wir in unserem Leben begegnen möchten. Die zweite Meditation wendet sich speziell an unser Herz, um uns emotional und spirituell auf die dauerhafte Nähe zu einem anderen Menschen vorzubereiten. Und drittens zeige ich Ihnen eine Übung, die Sie anwenden können, wenn Sie Ihre Partnerin oder Ihren Partner schon gefunden haben. Sie soll Ihnen die wertvolle Fähigkeit beibringen, während eines Gesprächs wirklich zuzuhören (zu warten!), um eine gesunde, dauerhafte Liebesbeziehung zu fördern. Außerdem spreche ich am Ende dieses Kapitels ein Thema an, das meistens völlig unberücksichtigt bleibt. Oft tragen wir tief in unserem Herzen bestimmte Sehnsüchte und erwarten von unserem augenblicklichen oder zukünftigen Partner, dass er diese Wünsche auf magische Weise erfüllt. Ich habe Menschen kennen gelernt, die in einer ansonsten erfüllten Beziehung bis zu 30 Jahre lang gewartet haben und immer noch darauf warten, dass etwas ganz Bestimmtes in dieser Partnerschaft passiert – und das unerfüllte Warten über all diese Jahre hinweg ist für die Beziehung eine ständige Belastung gewesen.

Bei näherer Untersuchung zeigt sich, dass diese tiefen, unbefriedigten Sehnsüchte meistens in emotionalen Mängeln der Kindheit wurzeln, die ein anderer erwachsener Mensch unmöglich ausgleichen kann. Letzten Endes ist all dieses frustrierende Warten umsonst. Wir werden untersuchen, wie diese speziellen Sehnsüchte erfüllt oder losgelassen werden können, damit dieses scheinbar endlose Wartespiel, das so viele von uns spielen, zu einem befriedigenden Ende gelangt.

Gene in der Sexualität

Um das Wartespiel der Liebe erfolgreich spielen zu können, müssen wir uns als Erstes fragen: Was an unserer menschlichen

Natur bewirkt, dass die große Mehrheit von uns sich leidenschaftlich nach wahrer Liebe sehnt und oft ununterbrochen darauf wartet, dieses mysteriöse Phänomen zu erleben?

Als ich Ende der 60er-Jahre anfing, Psychologie zu studieren, wurde diese Frage überwiegend mit Konditionierung beantwortet. Wir wuchsen in einer Familie auf, in der wir die grundlegende Sicherheit und die Geborgenheit eines liebevollen elterlichen Nestes erfuhren. Also war es nur natürlich, dass wir, wenn wir flügge wurden, ein ähnliches Gefühl von Zugehörigkeit anstrebten.

Dieser Aspekt unserer Sehnsucht nach wahrer Liebe hat mit Sicherheit große Bedeutung. Aber in jüngster Zeit hat die Verhaltenspsychologie eindeutig belegt, dass wir außerdem mit Genen geboren werden, die für die emotionale Sehnsucht nach einem Sexualpartner verantwortlich sind, so dass wir so lange nach einer Liebesverbindung suchen, bis wir sie finden – wenn das jemals der Fall sein sollte ...

Die Sexualität ist nicht wegzudiskutieren. Es liegt in unserer Natur, uns körperlich – wenn nicht auch seelisch – mit einem anderen Menschen vereinen zu wollen. Bei beiden Geschlechtern sind offenbar ganze Schwärme von Reproduktionshormonen am Wirken, die scheinbar ausschließlich darauf aus sind, uns in einen Zustand leidenschaftlicher Sehnsucht nach einer Liebesverbindung zu versetzen.

Es scheint zumindest einige Beweise für die Theorie zu geben, dass Frauen genetisch stärker für langfristige Partnerschaften prädisponiert sind als Männer, auch wenn ich einige Fälle kenne, die genau das Gegenteil zeigen. – Vielleicht sind all diese Überlegungen aber auch zum Scheitern verurteilt, weil jeder von uns anders ist als alle anderen Individuen. Außerdem sind wir Menschen so komplizierte Geschöpfe, dass es niemals nur eine Antwort auf eine solch umfassende Frage geben kann wie die, ob wir von Natur aus monogam sind oder lernen können, genau so glücklich zu sein, wenn wir das brisante Thema »Liebe« völlig loslassen.

Was jeder von uns jedoch bestens kennt – zumindest in den ersten 50 Jahren seines Lebens –, ist die Sehnsucht nach einer Liebesbeziehung. Und diese Sehnsucht nimmt viele verschiedene Formen an. So haben wir unser natürliches sexuelles Begehren, das zum Beispiel regelmäßig nach Befriedigung drängt. Und wir wissen, dass wir uns durch Selbstbefriedigung entspannen können, sie uns aber in der Liebe nicht wirklich erfüllt. Außerdem wissen wir, dass gelegentlicher Sex mit wechselnden Partnern in der jeweiligen Situation lustvoll sein kann, unser Herz aber langfristig darbt, wenn die Liebe fehlt.

Es scheint also in unserer Natur und ebenso unserer Konditionierung zu liegen, dass wir uns nach Liebe sehnen. Denn viele Menschen, die mit wenig elterlicher Liebe und Geborgenheit aufgewachsen sind, hungern ebenso – wenn nicht noch mehr – nach Liebe wie diejenigen von uns, die das Glück hatten, in einer liebevollen Familie aufgewachsen zu sein.

Selbst wenn wir heiraten und eine Familie gründen, fühlen viele von uns sich in ihrer Beziehung im Herzen nicht erfüllt und sehnen sich weiterhin nach der Begegnung mit einem geheimnisvollen Partner, der uns so berühren soll, wie es unserer Sehnsucht entspricht.

Worauf warten wir so leidenschaftlich?

Welche konkreten Eigenschaften, Aspekte, Bereiche, Erfahrungen oder Begegnungen, die jeder sich sehnlichst wünscht, machen das Warten auf die Liebe so lohnenswert?

Ich habe hier eine sicherlich unvollständige Liste erstellt, die auf meinem eigenen Verständnis dieses Spiels beruht. Sie können Sie um Ihre eigenen ganz speziellen Wünsche ergänzen.

> **Wir hungern nach regelmäßiger sexueller Befriedigung.**
>
> **Wir möchten, dass unser Herz von wahrer Liebe berührt wird.**
>
> **Wir wünschen uns von Herzen, jemandem wirklich anzugehören.**
>
> **Wir brauchen das Gefühl langfristiger emotionaler Sicherheit.**
>
> **Wir hoffen, als der Mensch, der wir sind, wirklich verstanden zu werden.**
>
> **Wir wünschen uns zutiefst, so akzeptiert zu werden, wie wir sind.**
>
> **Wir erwarten Treue.**
>
> **Wir fordern Aufmerksamkeit.**
>
> **Wir sehnen uns nach der höchsten spirituellen Einheit.**
>
> **Wir möchten ständige Unterstützung.**
>
> **Wir hoffen, es möge für immer und ewig sein.**

Schluss mit dem Warten

Vor einigen Jahren habe ich ein Buch mit dem Titel *Einander finden* geschrieben, in dem ich eine Liste von ähnlichen Wünschen aufführte, auf deren Erfüllung Menschen in ihrem Leben oft lange warten. Dann stellte ich den Leserinnen und Lesern die Aufgabe, einmal zu überlegen, welche dieser Wünsche sie sich selbst erfüllen könnten.

Schauen Sie sich also auch obige Liste noch einmal an und fragen Sie sich, ob Sie sich selbst geben könnten, was Sie von einem anderen Menschen bekommen möchten. Die erste Schlüsselfrage lautet dabei:

Brauchen wir wirklich einen anderen Menschen,
um erfüllt zu sein?

Und, ebenso wichtig:

Wer wird uns in diesem Zustand des chronischen Sehnens
haben wollen?

Und schließlich:

Was können wir, solange wir allein sind, tun,
um uns auf die Liebe vorzubereiten?

Auf dem Hintergrund dieser einleitenden Fragen bin ich persönlich (und beruflich) davon überzeugt, dass wir das Wartespiel in der Liebe unter Berücksichtigung der folgenden Voraussetzungen mühelos gewinnen können:

> Um den idealen Partner oder die ideale Partnerin in Ihre Arme schließen zu können, müssen Sie zunächst einmal die Beziehung zu sich selbst nähren. Sie müssen sich selbst verstehen, für sich sorgen, sich unterstützen, sich akzeptieren und Ihre Liebesfähigkeit weiterentwickeln, bevor Sie bereit sind, dem Menschen zu begegnen, mit dem Sie von Herzen gerne zusammenleben und den Sie für immer lieben möchten.

Es würde den Rahmen dieses Buches sprengen, wenn ich hier alle konkreten Schritte zur Umsetzung der obigen Aussage aufführen würde.

Ich möchte Ihnen hier aber mehrere Meditationen anbieten, mit denen Sie sich selbst etwas Gutes tun können und die Sie nirgendwo anders finden. Sie werden feststellen, dass diese Meditationen für Sie sehr wertvoll sind, ganz gleich, wie es mit der Liebe in Ihrem Leben gerade steht.

Akzeptieren Sie sich so, wie Sie sind

Wenn Sie sich selbst nicht akzeptieren können, sind Sie auch nicht attraktiv für jemanden, der eine emotional gesunde Beziehung sucht. Sie können sich noch so viel sehnen und jahrelang verzehren nach einem anderen Menschen, können magische Kerzen anzünden und geheimnisvolle Rituale durchführen – und bleiben trotzdem einsam, wenn Sie sich selbst nicht von Grund auf annehmen.

Was können Sie dafür tun?

Setzen Sie sich täglich mindestens viermal ein paar Minuten still hin, machen Sie die Meditation auf die sechs Atemzüge, die Sie wahrscheinlich bereits beherrschen ... und sagen Sie dann, während Sie einatmen, zu sich: »Ich liebe mich ...« Beim Ausatmen sagen Sie zu sich: »Ich liebe die Welt ...«

Fahren Sie fünf bis zehn Atemzüge fort, ohne über den tieferen Sinn dieser Sätze nachzudenken – sagen Sie sie einfach. Und dann werden Sie für eine Weile still, bleiben mit Ihrer Aufmerksamkeit beim Herzen und beobachten, was in Ihnen passiert ... Es wird immer etwas anderes sein, eine neue Erkenntnis, ein neues Wachsen ... Lassen Sie es zu!

Wenn Sie das mehrere Wochen praktiziert haben, gehen Sie dazu über, zwei Wochen lang mindestens viermal täglich folgende Übung zu machen:

Kommen Sie, wie schon zuvor, ganz in den gegenwärtigen Augenblick, konzentrieren Sie sich auf Ihr Herz und sagen Sie mit dem Einatmen: »Ich bin völlig in Ordnung, wie ich bin«, und beim Ausatmen sagen Sie zu sich: »Dies bin ich, ob es euch gefällt oder nicht – dies bin ich!«

Auch wenn das zunächst mehr als einfach erscheint, werden Sie erstaunt sein, welche Wirkung solch eine regelmäßige Meditation auf Ihr persönliches Lebensgefühl hat! Ich habe bei zahlreichen Klienten, Freunden und Seminarteilnehmern beiderlei Geschlechts erlebt, wie tief greifend so etwas wirkt.

Beachten Sie, dass eine solche Meditation nicht mit der Programmierung durch »Affirmationen« gleichzusetzen ist, von der ich kein besonderer Fan bin. Wir drängen die Außenwelt in keinster Weise, sich unseren persönlichen Forderungen entsprechend zu verändern. Wir erfüllen mit Aussagen wie den oben genannten lediglich die Grundvoraussetzungen für Selbstrespekt und aufrichtige Beziehungen in der Welt.

Jedes Mal, wenn Sie diese Aussagen machen, wecken Sie Ihre inneren Einstellungen zu diesen Sätzen und können erleben, wie diese Einstellungen aktiv werden: Sie machen eine Aussage und beobachten dann, wie Sie auf diese Aussage reagieren – und wenn Sie diese Aussage wiederholen, können Sie erleben, wie Ihre Reaktionen sich im Lauf der Zeit allmählich verändern. Meiner Erfahrung nach gibt es keinen effektiveren Weg für schnelle Veränderungen!

Ganz gleich, wo Sie im Leben stehen, ich empfehle Ihnen, diese Aussagen in Ihren regulären Tagesablauf einzubauen. Ich sage mir diese Schlüsselsätze selbst nach zehn Jahren noch mindestens einmal am Tag ... Unser persönliches Wachstum scheint ein endloser Prozess zu sein!

Tun Sie sich selbst etwas Gutes, während Sie warten

Vielleicht verbringen Sie Ihre Abende meistens zu Hause, sind gelegentlich mit Freunden unterwegs oder auch mit einem Liebhaber oder einer Geliebten, ohne dass Sie das wirklich erfüllt. Aber selbst wenn Sie in einer glücklichen Beziehung leben, können Sie sich mit der nächsten Übung selbst unterstützen und sowohl Ihre Seele nähren als auch ihre emotionale und spirituelle Fähigkeit fördern, einen anderen Menschen tief zu lieben.

Das tägliche Übungsprogramm: Sie leben Ihre Liebe vor allem durch Ihren physischen Körper. Wenn Sie sowohl sexuell als auch in jeder anderen Hinsicht auf andere anziehend wirken wollen, müssen Sie Ihren Körper als Ort der Liebe behandeln und dafür sorgen, dass Sie – wie bereits in einem früheren Kapitel besprochen – viel Bewegung haben.

Das ganz besondere Eine: Wenn Sie sich selbst lieben, sollten Sie diese Liebe auch zum Ausdruck bringen. Durch die Liebe zu sich selbst kurbeln Sie auch Ihre Liebesfähigkeit nach außen an. Tun Sie sich also jeden Tag mindestens fünf Minuten lang etwas besonders Gutes. Laden Sie sich selbst hin und wieder zum Essen ein oder gönnen Sie sich die Dinge, die Sie besonders gerne haben. Machen Sie das ganz bewusst zum Ritual, um regelmäßig zu erleben, wie es sich anfühlt, sich selbst etwas zu schenken!

Machen Sie jemanden glücklich: Selbst wenn Sie Ihre wahre Liebe noch nicht gefunden haben, können und sollten Sie regelmäßig anderen Menschen die Erfahrung schenken, für kurze Zeit glücklich aufzublühen. Damit üben Sie sich schon einmal darin, Ihre große Liebe mit Glück zu überschütten – und sorgen außerdem ganz allgemein für gutes Klima.

Erleben Sie sich als Menschen, der regelmäßig aus seiner Haut schlüpft und dafür sorgt, dass eine andere Person lächelt und sich geliebt fühlt. Verschenken Sie Blumen, laden Sie jemand zu einem Ausflug oder zum Essen ein – ohne dafür eine Gegenleistung zu erwarten. Üben Sie sich in der Herzensfähigkeit des Gebens ...

Den Platz in Ihrem Herzen schaffen

Jede der oben empfohlenen Handlungen ist eine deutliche Absichtsäußerung, mit der Sie Ihrem ganzen Wesen mitteilen, was Sie in Ihrem Leben wollen, so dass die Botschaft auf sämtlichen Ebenen klar verstanden wird.

> Während Sie gezwungen sind, auf die wahre Liebe zu warten, beschließen Sie genau die Eigenschaften aktiv zu entwickeln, die Sie für den Menschen, nach dem Sie sich sehnen, anziehend machen. Indem Sie sich selbst die Akzeptanz, Liebe und Aufmerksamkeit schenken, die Sie sich wünschen, ziehen Sie genau diese Liebe, Akzeptanz und Aufmerksamkeit an!

Wenn Sie mit diesen Vorsätzen fortfahren, werden Sie sich in Ihrer eigenen Haut immer wohler fühlen und sich zu einem Menschen entwickeln, der auch auf andere äußerst liebenswert wirkt.

Jetzt ist es Zeit, sich einer tief greifenden Frage zuzuwenden: Wie können wir für den geliebten Menschen, nach dem wir uns so sehnen, einen Platz in unserem Herzen schaffen? Bei meiner langjährigen Arbeit mit zahlreichen Klientinnen und Klienten, die sich zutiefst eine befriedigende Beziehung wünschten, habe ich folgende grundlegende Beobachtung gemacht: Die meisten Menschen, die keine erfüllte Beziehung leben, haben auf eine gewisse Weise ihr Herz verschlossen, so dass dort nicht wirklich Platz für einen anderen Menschen ist. Solange sie nichts unternehmen, um Raum für eine andere Person zu schaffen, ist die Situation also ziemlich verfahren.

Auf den folgenden Seiten möchte Ich Ihnen meine eigenen Erfahrungen mit diesem Thema mitteilen und Ihnen dann ein klar strukturiertes Übungsprogramm vorstellen, das Ihnen zeigt, wie Sie Ihre Wartezeit nutzen können, um Ihr Herz weiter zu öffnen.

Unser Herz wirklich öffnen

In meinem eigenen Liebesleben habe ich die innere Dynamik von Beziehungen – wie sie sich entwickeln und was sie ausmacht – zunächst nur langsam verstehen gelernt. Mit 20 verliebte ich mich, heiratete und erlebte den Schmerz einer gescheiterten Ehe, weil ich überhaupt nicht bereit war für solch eine tiefe Beziehung. Nach vier Jahren klösterlicher Abgeschiedenheit, in denen ich meditierte und forschte, heiratete ich erneut. Diese Beziehung war eigentlich mehr eine Freundschaft als eine Liebe, und nach fünf Jahren, in denen wir es wirklich gut miteinander hatten, aber keine dauerhafte Liebesbeziehung entwickeln konnten, gingen wir als Freunde auseinander.

In den folgenden Jahren hatte ich einige wunderbare, aber kurze Liebesabenteuer. Dann zog ich im Alter von 36 Jahren nach West-Berlin und hörte schließlich auf, ständig nach meiner einzigen großen Liebe Ausschau zu halten. Ich entspannte mich und schaute mir stattdessen meine inneren Liebessehnsüchte an, ähnlich wie ich meine tiefen spirituellen Wünsche betrachtet hatte.

Wenn ich mein chronisches Sehnen nach einem anderen Menschen, der mein Leben erfüllen sollte, losließ, war ich eigentlich ganz zufrieden. Ich begann zu mir selbst eine bessere Beziehung zu entwickeln. Ich gelangte an den Punkt, wo ich mich selbst wirklich liebte, mich selbst wirklich so akzeptierte, wie ich war, und auch von allen anderen Menschen in meiner Umgebung erwartete, dass sie mich als die Person akzeptierten, die ich war. Ich sorgte dafür, dass ich mir immer wieder etwas Gutes tat und auch anderen Menschen regelmäßig eine Freude bereitete, ob ich sie nun bereits kannte oder ihnen unerwartet begegnete.

Eines Abends war ich allein zu Hause und meditierte, wie ich es Ihnen beigebracht habe, auf »den Atem ... das Herz ... das Gleichgewicht ... den ganzen Körper ... Frieden«. Ich sagte wie üblich mehrmals zu mir: *»Ich bin offen zu empfangen ...«* und glitt in eine vollkommene Stille, in der ich erkannte, dass ich tief in meinem Herzen tatsächlich immer noch auf einen Menschen wartete, der mein restliches Leben wirklich mit mir teilen sollte.

Aber im Zentrum dieser Sehnsucht spürte ich auch eine eindeutige Verhärtung meines Herzens. Dort war immer noch ein Schmerz (der auf unerfüllten Sehnsüchten aus der frühen Kindheit beruhte). Ich erkannte plötzlich, dass tief in meinem Herzen kein Raum für einen anderen Menschen sein würde, wenn diese Verhärtung fortbestand. Etwas in meinem Herzen musste sich entspannen und öffnen.

Mehrere Wochen lang erforschte ich diesen verschlossenen Bereich meines Herzens. Ich erinnerte mich daran, wie schrecklich ich in der Kindheit verletzt worden war. Ich durchlebte den Schmerz noch einmal und schluchzte mir mehrmals die Seele aus dem Leib. Nachdem ich erkannt hatte, dass mein Herz verschlossen war, wusste ich, die einzige Hoffnung bestand darin, meine Aufmerksamkeit auf diese Verhärtung des Herzens zu richten, bis sie sich auflöste.

Als ich mich nach einigen Wochen eines Abends wieder meinem Herzen zuwandte, erkannte ich, dass in mir kein Weinen mehr um die Vergangenheit war. Ruhe und Akzeptanz füllten jetzt mein Herz, und mitten in dieser Stille stieß ich auf ein äußerst bemerkenswertes Gefühl: der ganz konkreten körperlichen Empfindung, dass es in meinem Herzen »Raum zum Atmen« gab.

Tagelang lief ich mit diesem Gefühl eines ruhigen, warmen inneren Glühens herum, einer tiefen Freude, die ohne Aufregung war. Ich fühlte mich einfach voller Liebe. Und ich glaube, das gilt für uns alle: Wenn wir schließlich zulassen, dass die Verletzungen und Verhärtungen in unserem Herzen weichen und heilen, fließt spontan Liebe in unser Herz.

> Es ist der natürliche Zustand unseres Herzens, als Zentrum unseres Wesens ständig von Liebe durchströmt zu werden. Wenn wir uns aufgrund emotionaler Wunden aus der Vergangenheit und der Angst vor neuen Verletzungen verschließen, wird dieser Liebesfluss jedoch meist unterbrochen. Das wiederum bewirkt, dass unser Herz sich nicht wieder für die Liebe öffnet.

Wenn Sie in einer Beziehung leben und trotzdem das Gefühl haben, darauf zu warten, dass in Ihrem Liebesleben »mehr« passieren müsste, empfehle ich Ihnen nachdrücklich, regelmäßig folgende Übung zu machen:

Setzen sie sich ein- oder zweimal täglich still hin. Machen Sie die Meditation auf die sechs Atemzüge, um voll und ganz in den gegenwärtigen Augenblick zu kommen, und lassen Sie den unablässigen Gedankenfluss in Ihrem Kopf zum Stillstand kommen ...

Richten Sie Ihre Aufmerksamkeit ganz auf den Bereich Ihres Herzens und sagen Sie ein paar Mal zu sich: »Ich liebe mich ...

ich liebe die Welt«, um sich in der Wahrnehmung der Liebe in Ihrem eigenen Herzen zu bestärken.

Jetzt sagen Sie zu sich den wichtigen Schlüsselsatz: »Ich möchte die alten Wunden meines Herzens heilen, ganz gleich, was mich das kostet ... Ich möchte, dass mein Herz heilt und sich wieder öffnet!«

Atmen Sie in die Gefühle und Erinnerungen hinein, die Ihnen kommen mögen, wenn Sie diese heilsamen Worte mehrmals zu sich sagen, und lassen Sie dann alles zu, was in Ihrem Herzen, Ihrem Kopf und Ihrer Seele geschieht ...

Schließlich sagen Sie zu sich: »Ich lasse die Vergangenheit los und öffne mein Herz wieder für die Liebe ...«

Sitzen Sie still da und beobachten Sie, welche Gefühle und Gedanken nach dieser eindeutigen Absichtserklärung in Ihnen hochkommen ...

Ich kann nicht garantieren, dass dieser Heilungsprozess ohne Schmerzen verläuft. Und einige von Ihnen, die in der Vergangenheit wirklich Schreckliches erlebt und daraufhin ihr Herz verschlossen haben, müssen sich vielleicht professionelle Hilfe suchen, um die alten Wunden und ihr Herz heilen zu können. Aber die meisten von Ihnen werden eine wunderbare Entwicklung erleben, wenn sie ihre Absicht erst einmal klar formuliert haben und entsprechend handeln.

Die Belohnung

Nachdem ich wochenlang in meinem Herzen voller Liebe und Akzeptanz war und gefühlt hatte, dass ich mich nicht mehr nach einer neuen Liebesbeziehung verzehrte, setzte ich mich eines späten Abends hin, um eine Weile zu meditieren. Ich konzentrierte mich auf mein Herz und spürte dort, wo mein Herz sich geöffnet hatte, dieses tiefe innere Glühen.

Plötzlich erlebte ich völlig aus dem Nichts heraus, wie in meinem eigenen Herzen etwas wirklich Bemerkenswertes geschah! Ich werde dieses überraschendes Erlebnis niemals vergessen. Ich bin kein besonders esoterisch ausgerichteter Mensch – aber da saß ich nun und war eindeutig vereint mit einer Person, die körperlich nicht anwesend war und sich in gewisser Weise trotzdem gleichzeitig mitten in meinem Herzen befand.

Ich saß mindestens eine Stunde lang da, bewegte mich nicht und blieb weiter auf diese andere Person eingestimmt, ohne dass auch nur ein einziger Gedanke durch meinen Kopf ging. Es war das reine, gemeinsame Erleben von Körper, Herz und Atem. Aufgrund meiner spirituellen Praxis nahm ich zunächst an, dass ich im Zentrum meines Wesens Gott als Liebe erfuhr. Und das stimmte auch. Aber je länger ich diese leuchtende Präsenz in mir spürte, desto klarer wurde mir, dass dieses spirituelle Wesen im Zentrum meines Herzens auch eine Persönlichkeit besaß.

Nach etwa einer Stunde seliger Verbundenheit mit diesem neuen Wesen, von dem ich nicht wusste, wer es war, wurde ich plötzlich sehr müde und ging zu Bett. Ich wusste in der Tiefe meiner Seele, dass ich nicht mehr allein war.

Am nächsten Tag schien ich nur so zu strahlen. Ich war bereits wie verliebt, auch wenn sich niemand an meiner Seite befand, der meinen Zustand erklärlich machte. Mein Terminkalender brachte es mit sich, dass ich an diesem Nachmittag ins Flugzeug stieg, um in die Schweiz zu reisen und in der schönen alten Stadt Solothurn ein Wochenendseminar zu halten. Wo ich auch hinsah, im Flugzeug nach Zürich, im Flughafen, im Flughafenbus, im Zug, überall sah ich attraktive Frauen, die meinen Blick bewusst suchten. Es war, als besäße ich eine Art magische Anziehungskraft. Ich hatte diesen Zustand bislang noch nie erlebt und konnte nichts anderes tun, als selbst immer wieder zu praktizieren, was ich in Solothurn anderen beibringen wollte: mir meines Atems, meines Herzens, meiner Aufmerksamkeit für den gegenwärtigen Augenblick ständig voll bewusst zu sein und offen zu bleiben für alles, was in diesem Zustand passieren würde.

Ich hielt den Workshop und statt am Montagmorgen nach West-Berlin zurückzukehren, spürte ich ein starkes Widerstreben, überhaupt irgendwo hinzufahren. Für Ende September war es sehr sonnig, das vorübergehend leere Haus, in dem ich wohnte, war sehr komfortabel ... Ich brach mit meiner sonstigen Zuverlässigkeit, rief in Berlin an und sagte die Termine für die kommende Woche ab. Und so blieb ich bis Mittwochabend in Solothurn und schenkte mir selbst ein paar Tage Ferien, um diesem neuen Gefühl, das sich in meinem Körper eingestellt hatte, nachzusinnen und es zu erforschen.

Am späten Mittwochabend klopfte es an der Tür. Ich stand auf, um zu öffnen. Eine junge Frau stand da und beäugte mich anfangs misstrauisch. Sie entsprach keineswegs dem Bild, das ich mir bislang von meiner idealen Lebenspartnerin gemacht hatte, und ich dachte auch nicht an so etwas, als ich sie bat hereinzukommen. Sie war eine Freundin der Besitzer des Hauses und kam, um nach den Katzen zu schauen.

Den Katzen ging es gut. Eine von ihnen kletterte auf meinen Schoß zurück. Die junge Dame saß mir auf dem Perserteppich gegenüber. Wir schauten uns in die Augen – und sind seit zwölf Jahren unzertrennlich. Inzwischen haben wir zwei Kinder und wollen von Herzen für immer zusammenbleiben – amen!

Als wir uns einmal darüber unterhielten, fanden wir heraus, dass wir beide vor unserer Begegnung das Wartespiel in der

Liebe so lange gespielt hatten, bis wir es nicht mehr »brauchten«. Wir hatten uns zuvor genügend um uns selbst gekümmert, so dass wir uns jetzt voll und ganz selbst liebten und wussten, was wir uns selbst nicht geben konnten und von einem anderen Menschen brauchten – und dann tauchte dieser andere Mensch plötzlich völlig selbstverständlich in unserem Leben auf.

Ich erzähle diese sehr persönliche und fast märchenhaft klingende Geschichte, weil ich sehr wohl an Magie in der Liebe glaube – ich habe sie selbst aus erster Hand erlebt. Und diese Art Liebesgeschichte habe ich wieder und wieder auch von anderen gehört – wo zwei Menschen endlich die zwanghafte Suche nach der Liebe, bei der sich ihr Herz verkrampft, aufgeben, sich in ihr eigenes Herz hinein entspannen – und peng! Die wahre Liebe, nach der sie sich so lange gesehnt haben, steht plötzlich wie aus dem Nichts vor ihnen.

Aus diesen (wahren) Liebesgeschichten vieler anderer Menschen können wir schließen, dass es für uns alle, die wir uns erst einmal selbst annehmen müssen, eindeutig Hoffnung auf eine glückliche und dauerhafte Verbindung gibt. Wir leben in einem äußerst mysteriösen Universum, in dem die Liebe stärker, dauerhafter und glaubwürdiger ist als alle anderen Kräfte auf der Erde. Und wenn wir nur die ersten Schritte tun, um unser eigenes Herz zu heilen, können wir unsere Wartezeit produktiv nutzen, um letzten Endes die wahre Liebe zu finden.

Ein wesentlicher Bestandteil dieses durchaus pragmatischen Liebesrituals besteht darin, dafür zu sorgen, dass Sie in Ihrem Herzen wirklich Raum oder Volumen schaffen und wahrnehmen. Das ist nicht nur bildhaft gemeint. Wenn wir die Erfahrung machen, dass uns das Herz bricht, erleben wir, dass es sich zusammenzieht und wir hier keinen Platz mehr spüren. Schmerz bewirkt, dass wir uns verschließen, und genau das geschieht mit unserem Herzen – es will sich hinter einer Mauer schützen.

Wir können nur hoffen, dass die Zeit unsere Wunden heilt – aber oft bleibt unser Herz lange verschlossen. Ich habe im Laufe der Jahre mit zahlreichen verschiedenen therapeutischen Techniken gearbeitet, um gebrochene Herzen zu heilen, und festgestellt, dass der direkteste Weg zu dieser Heilung in den Schritten besteht, die ich Ihnen bereits ausführlich beschrieben habe.

> Wenn Sie Ihr Herz öffnen und wieder lieben möchten, müssen Sie Ihre Absicht deutlich machen, alte Wunden heilen zu wollen, den bestehenden Schmerz spüren und sich dann bewusst sagen, dass Sie in Ihrem Herzen Platz für einen anderen Menschen schaffen wollen.

Das heißt, wie ich es sehe, die Wartezeit in der Liebe klug zu nutzen. Statt weitere Zeit damit zu vergeuden, sich Gefühlen wie Verlassenheit und Einsamkeit hinzugeben, sollten Sie Ihre Aufmerksamkeit auf positive Schritte richten, mit denen Sie sich innerlich auf die Liebe vorbereiten, die Sie suchen. Entwickeln Sie eine liebevolle Beziehung zu Ihrem eigenen Herzen, schaffen Sie tief in Ihrer Seele Platz – und lassen Sie zu, dass die Magie ihr Spiel spielt und für Ihre Erfüllung sorgt. Sie können sich nicht für die wahre Liebe zurechtbiegen, aber Sie können sich zweifellos in eine günstige Ausgangsposition bringen!

Vertiefen Sie Ihre bestehende Liebesbeziehung

Ich möchte jetzt von der Suche nach der wahren Liebe zu deren Vertiefung übergehen. Wie ich bereits erwähnt habe, bleibt oft selbst in guten Beziehungen ein negatives Gefühl bestehen, nicht ganz erfüllt zu sein und immer noch darauf zu warten, eine bestimmte Dimension der wahren Liebe vielleicht noch zu erleben. Wie überwinden wir diesen tatsächlich ziemlich schmerzlichen inneren Wartezustand und empfangen, was wir uns wünschen?

Hier gibt es zwei wesentliche Aspekte zu nennen. Erstens müssen Sie in Ihrem eigenen Herzen nach der Quelle Ihres Sehnens forschen. Und zweitens müssen Sie mit Ihrer Partnerin oder Ihrem Partner offen darüber sprechen. Es hilft natürlich auch, wenn Ihre Partnerin oder Ihr Partner diese Zeilen liest, aber Sie können ihm oder ihr die grundlegenden Punkte wahrscheinlich selbst vermitteln.

1. Phase: **Die Quelle herausfinden**

Es gibt meines Erachtens drei verschiedene Gründe für das nagende Gefühl innerer Leere in unserem Herzen und unserer Seele:

1. *Wir sehnen uns immer noch nach der elterlichen Liebe in der Kindheit, die wir nicht bekamen.*
   Wie ich bereits andeutete, ist es unmöglich, diese vorenthaltene archetypische Liebe jemals nachholen zu können. Kein Partner kann diese Lücke füllen – wir müssen einfach akzeptieren, was geschah, unseren früheren Mangel eingestehen und weiterleben. Es gibt keinen anderen Weg.

2. *Wir sehnen uns nach dem Gefühl spirituellen Einsseins mit unserem Schöpfer (oder welche Bezeichnung Sie dafür benutzen wollen), versuchen aber diese Vereinigung mit unserem Partner oder unserer Partnerin zu erleben.*
   Das bedeutet, wir müssen aufhören, von unserer irdischen Liebe zu erwarten, dass sie erfüllt, was im Grunde spiritu-

elle Liebe ist, die wir in unserem Herzen finden und die in der Vereinigung unserer inneren persönlichen Präsenz mit der universellen Liebe besteht. Ich habe dies ausführlich in meinem Buch *Das Erwachen der Kundalini* erläutert.

3. *Wir sehnen uns nach einer Vertiefung des Herzenskontaktes mit unserem gegenwärtigen Partner.*
   Das erste Aufblühen des Gefühls von verliebter Zusammengehörigkeit ist sicherlich nicht das A und O einer Liebe und Beziehung. In einer Beziehung ist es ein ständiger Prozess, das Gefühl von Zusammengehörigkeit zu vertiefen.

Die folgende Übung zu zweit soll Ihnen helfen, das Warten auf tieferen Herzenskontakt mit Ihrer Partnerin oder Ihrem Partnerin zu beenden und die Erfüllung Ihrer Sehnsucht zu erleben.

2. Phase: **Die Herzensbegegnung**

Nachdem Sie sich mehrmals allein zurückgezogen und sich in Ruhe den Grund für Ihre augenblickliche Frustration in Ihrer Beziehung überlegt haben, ist es jetzt Zeit, sich mit Ihrem Partner oder Ihrer Partnerin zusammenzusetzen und sich Ihre Gefühle mitzuteilen. Ich nenne diese Übung »Herzensbegegnung«, denn hier geht es darum, dass Sie beide sich Ihr Herz anschauen und über die Gefühle, die Sie dort empfinden, aufrichtig sprechen, so dass Sie sich näher kommen, indem Sie Ihre tiefen inneren Wünschen gegenseitig besser verstehen lernen.

Wählen Sie eine Zeit, in der Sie etwa eine halbe Stunde still zusammen sein können, ohne von außen gestört zu werden. Machen Sie zusammen die Meditation auf die sechs Atemzüge, damit Sie beide Ihre Aufmerksamkeit auf Ihren Atem, Ihr

Herz und Ihren ganzen Körper im gegenwärtigen Augenblick richten.

1. *Einigen Sie sich als Erstes auf Ihre gemeinsame Absicht:* Sagen Sie sich mit den folgenden oder ähnlichen Worten, was Sie durch Ihr Gespräch erreichen wollen, zum Beispiel: »Wir möchten zusammen herausfinden, wie wir unser Herz noch mehr füreinander öffnen und zulassen können, dass noch mehr Liebe zwischen uns fließt ...«
   Bringen Sie Ihre grundlegende Herzensbeziehung laut zum Ausdruck, indem Sie einer nach dem anderen die folgenden oder ähnliche Worte sagen: »Ich liebe mich ... Ich liebe dich ... Ich liebe die Welt ...«

2. *Jetzt äußert jeder von Ihnen seine persönlichen Gefühle:* Sie haben nun Gelegenheit, offen zu sagen, was Sie in Ihrem Herzen und Ihrer Seele fühlen und empfinden. Bleiben Sie dabei bewusst in Kontakt mit Ihrem Atem, Ihrem Herzen und der Präsenz Ihres ganzen Körpers. Konzentrieren Sie sich auf Ihre eigene Mitte und versuchen Sie sich klar auszudrücken, um mit der Hilfe und Einsicht Ihres Partners herauszufinden, welche Erfüllung Sie sich wünschen.

3. *Denken Sie daran, nicht nur zu »senden«, sondern auch zu »empfangen«:*
   Wir haben bereits an früherer Stelle erwähnt, dass alles Leben auf einem Pulsieren beruht. Achten Sie also beide auf ein ausgewogenes Verhältnis zwischen Zuhören (Warten) und Sprechen (Handeln), damit zwischen Ihnen bei dieser Begegnung ein natürliches Pulsieren entsteht, das Ihr bisher übliches Gesprächsmuster vielleicht durchbricht. Sie können entweder spontan abwechselnd sprechen und

schweigen und dabei bewusst auf ein gesundes Gleichgewicht zwischen Empfangen und Senden achten oder sich an den folgenden Ablauf für einen Austausch zu zweit halten: Einer von Ihnen spricht für eine vereinbarte Zeit (gewöhnlich 10 bis 15 Minuten), ohne dass der andere ihn unterbricht, außer um den Sprechenden mit »Hm« oder ähnlichen Äußerungen zu bestätigen. In Schweigepausen lassen beide die Stille zu, bis der Redefluss wieder einsetzt. Anschließend tauschen Sie die Rollen und der andere spricht für eine festgesetzte Zeit, ohne unterbrochen zu werden.

Wenn Sie sich in Ihrer Beziehung bisher noch nicht nach diesem Ablauf ausgetauscht haben (der sicherstellt, dass jeder von Ihnen eine Zeit lang ungestört spricht), empfehle ich Ihnen nachdrücklich, mit dieser Form der Kommunikation zu experimentieren. Die Zeiten, in denen Sie »warten« und zuhören, werden sich als ebenso produktiv und erhellend erweisen wie die Zeit, in der Sie selbst reden. Üben Sie dieses Warten in Gesprächen, und Sie werden feststellen, dass Ihre Beziehung sehr schnell eine tiefere Dimension erhält.

Dies umso mehr, als wir leider dazu neigen, uns beim Sprechen ständig zu unterbrechen. Die Worte unseres Gegenübers regen unsere eigenen Gedanken an, die wir von uns geben möchten, bevor wir sie wieder vergessen. Aber mit diesem ständigen Unterbrechen hindern wir uns daran, zu tieferen Einsichten zu gelangen und diese zum Ausdruck zu bringen.

Wissen Sie noch, wie wir daran gearbeitet haben, den Fluss der Gedanken, der uns ständig durch den Kopf geht, zum Stillstand zu bringen, um zu tieferen Ebenen der Einsicht und Frieden zu gelangen? Jetzt übertragen wir dieses Ziel auf den Austausch zu zweit. Vertrauen Sie mir zunächst einmal – wenn Sie innerlich still bleiben, während ein Freund oder eine Freundin

Ihnen seine oder ihre Gefühle preisgibt, werden Sie bei weitem mehr gewinnen, als wenn Sie den anderen unterbrechen oder sich einmischen.

Sie wissen, wie Sie still dasitzen und lauschen können, ohne den anderen zu unterbrechen oder beim Zuhören auch nur zu denken. Beim Zuhören sind Sie sich zugleich Ihres Atems bewusst ... Ihres Herzens ... der Präsenz Ihres ganzen Körpers im Raum ... der Luft, die Sie atmen ... des Raumes, den Sie miteinander teilen ... des Klangs der Stimme Ihres Freundes oder Ihrer Freundin, der in Ihr Bewusstsein tritt ...

Verarbeiten Sie, was Sie erfahren haben

Nachdem jeder von Ihnen sich ausgesprochen hat, ohne unterbrochen zu werden, können Sie diesen Ablauf in kürzeren Zeitabschnitten von vielleicht fünf Minuten fortsetzen, in denen Sie abwechselnd zuhören und reden, um sich von Herz zu Herz auszutauschen.

Statt dann zum üblichen Schlagabtausch mit Worten überzugehen, ziehen Sie sich zurück und verbringen jeder etwa eine halbe Stunde allein, um über das nachzudenken, was Sie gehört und gesagt haben.

Sitzen Sie allein ruhig da und bleiben Sie, statt sofort intensiv über das Gespräch nachzudenken, eine Weile still in Ihre eigene Seele versunken. Atmen Sie und stimmen Sie sich auf Ihr Herz ein, um zu erkennen, wie Sie sich wirklich fühlen. Und bleiben Sie bei diesem Gefühl, damit es sich verändern und vertiefen und Ihnen die Wahrheit jenseits von Worten enthüllen kann.

Nachdem Sie eine Zeit lang in diesem friedlichen Zustand verweilt haben, öffnen Sie sich natürlich wieder dem Fluss der Gedanken – und diese Gedanken werden jetzt voller Weisheit und Einsicht sein und aus der Mitte Ihres Wesens aufsteigen, statt nur oberflächlichen Einstellungen und Urteilen zu entspringen.

Um zu erleben, wie diese Worte in Ihrer Seele widerhallen, und diese Erfahrung abzuschließen, sagen Sie jetzt zu sich:

Ich bin jetzt bereit, mein Herz für diesen Menschen, den ich liebe, noch weiter zu öffnen.

7
Zeiten des Wartens in Zeiten des Handelns verwandeln

Wir kommen jetzt zu der wohl spannendsten Strecke des Weges, den wir beschreiten, um das Wartespiel zu gewinnen. Ich habe Ihnen bis jetzt eine ganze Reihe von Möglichkeiten gezeigt, mit deren Hilfe Sie den Stress des Wartens vermindern und Ausfallzeiten in verschiedenen Lebensbereichen für sich nutzen können. Jetzt möchte ich mit Ihnen der grundlegenden Frage nachgehen: Können wir zukünftige Ereignisse durch das, was wir während des Wartens tun, positiv beeinflussen?

Wenn wir vor 70 Jahren einen Wissenschaftler gefragt hätten, ob der menschliche Geist die physische Materie beeinflussen und den Verlauf natürlicher Ereignisse ändern kann, hätte der Befragte uns einen strengen Vortrag darüber gehalten, wie notwendig es ist, an wissenschaftlicher Objektivität festzuhalten und überholte abergläubische Vorstellungen aus dem Spiel zu lassen. Gebet und Meditation galten schon als altmodische Gepflogenheiten, die, so glaubte man, ebenso im Gegensatz zur wissenschaftlichen Realität standen wie die Vorstellung von der Macht positiven Denkens. Man ging davon aus, dass unsere alltäglichen Gedanken keinerlei aktiven Einfluss auf die Außenwelt hätten.

Wenn Sie heute die gleiche Frage einem gut ausgebildeten Arzt, einem führenden Physiker oder auch Laien auf dem neuesten Stand wissenschaftlich begründeter Erkenntnisse stellen würden, erhielten Sie wahrscheinlich eine völlig andere Antwort – eine, die wir immer noch Mühe haben zu begreifen, die aber von führenden Experten inzwischen als bewiesen gilt: dass unsere Gedanken die äußere Welt nicht nur beeinflussen können, sondern dies tatsächlich auch ständig tun – und damit auch unsere Zukunft mitgestalten.

Einstein legte den Grundstein für dieses Verständnis der Macht menschlichen Denkens bei der Beeinflussung äußerer Ereignisse. Er wies nach, dass jedes Teilchen im Universum sämtliche anderen Teilchen im Universum mitprägt. Nach der Quantenmechanik und der subatomaren Physik gibt es einfach keine Zweiteilung von »Innen und Außen«. John Wheeler, ein bekannter Physiker von der Princeton University, formuliert das folgendermaßen: »Der entscheidende Akt ist der der Beteiligung. Er liegt dem unanfechtbaren neuen Konzept zugrunde, das die Quantenmechanik entwickelt hat. Er tritt an die Stelle des ›Beobachters‹ der klassischen Theorie, der Person, die sicher hinter einer dicken Glaswand steht und beobachtet, was vor sich geht, ohne sich daran zu beteiligen. So geht es nicht, sagt die Quantenmechanik.«

Auf dem Hintergrund dieser neuen wissenschaftlichen Sicht des Lebens können wir nicht einfach passiv dasitzen und beobachten, was sich in unserem Leben entwickelt, während wir auf die endgültige Lösung einer Situation warten. Wir spielen im Wartespiel einen aktiven Part, wir sind keine passiven Beobachter. Ganz gleich, ob wir das erkennen oder nicht, unsere Gedanken und Taten während des Wartens beeinflussen aktiv, was geschieht!

Als ich in Princeton Psychologie studierte, arbeitete einer meiner Zimmernachbarn am Fachbereich Ingenieurswissenschaften. Er wie auch die Professoren seiner Fakultät betrachteten unsere Forschungen am New Jersey Neuro-psychiatric Institute über die mögliche menschliche Fähigkeit, Gedanken aus der Entfernung an andere Menschen zu übermitteln, als puren Unsinn. Die gängige Wissenschaft leugnete damals nicht nur die Macht des individuellen Bewusstseins, über die Grenzen von Raum und Zeit hinweg zu projizieren, sondern die Existenz des Bewusstseins überhaupt. Sie war rein materialistisch ausgerichtet.

Heute ist das alles anders. Tatsächlich gibt es jetzt am Fachbereich Ingenieurswissenschaften der Princeton University die finanziell gut geförderte Abteilung »Engineering Anomalies Research« (etwa: Anomalienforschung der Ingenieurswissenschaften, Anm.d.Ü.), die sich der »wissenschaftlichen Untersuchung physischer Phänomene« widmet, die »mit dem Bewusstsein zusammenhängen«. Diese Forschungen umfassen auch eine ganze Reihe von Experimenten, mit denen die Fähigkeit des menschlichen Geistes, die Gedanken einer anderen Person durch rein psychische Übermittlung aus der Entfernung zu beeinflussen, wissenschaftlich belegt wurde. Jüngste Veröffentlichungen an diesem einstmals ziemlich konservativen Fachbereich haben Forschungsthemen zum Inhalt wie »Die spirituelle Substanz der Wissenschaft«, »Die Rolle des Bewusstseins in der physischen Welt« und »Das Paradoxon psychischer Phänomene: Eine Perspektive der Ingenieurswissenschaften«.

Wenn wir also die Fähigkeit annehmen, das Ergebnis unserer zahlreichen verschiedenen Wartespiele beeinflussen zu können, gehen wir von der soliden wissenschaftlichen Grundlage aus, dass wir mit unseren Gedanken das Denken anderer

Menschen mitprägen – und dass darüber hinaus (wie Einstein als Erster postulierte) unsere Einstellung zu einem sich entwickelnden Ereignis dessen endgültigen Ausgang eindeutig mitbestimmt.

Wo Beten zur Medizin wird

Ein befreundeter Arzt, Larry Dossey, der heute maßgeblich daran beteiligt ist, das neue wissenschaftliche Beweismaterial für die Macht des Denkens an die Öffentlichkeit zu bringen, hat vor einigen Jahren ein Buch mit dem Titel *Healing Words: The Power of Prayer and the Practice of Medicine* geschrieben (etwa: »Heilende Worte. Die Kraft des Betens und die medizinische Praxis«, Anm.d.Ü.). Auf über der Hälfte der knapp 300 Seiten dieses Buches schildert er eine Reihe von medizinischen und wissenschaftlichen Experimenten, mit denen bewiesen wurde, dass unsere positiven Gedanken die Macht haben, den Krankheitsverlauf eines anderen Menschen entsprechend zu beeinflussen.

In seinen Anfängen als Arzt, der religiösen Themen gegenüber zwar nicht verschlossen, aber doch skeptisch war, wurde Larry einmal von einem Patienten gefragt: »Herr Doktor, beten Sie für mich, damit ich gesund werde?« Diese Frage traf ihn zutiefst und hat seine Forschungen über die Kraft des Betens in den folgenden 30 Jahren maßgeblich bestimmt. Sollte ein Arzt wirklich für seine Patienten beten? Wenn, wie Untersuchungen zeigen, Gebete helfen, warum sollte ein Arzt sie dann nicht in Kombination mit anderen medizinischen Behandlungsformen anwenden?

Dossey schreibt: »Der Gedanke, im Gebet ›mit Gott zu reden‹, erinnerte mich an den Protestantismus, den ich glaubte, hinter mir gelassen zu haben. Trotzdem drängten sich mir die Ergebnisse der Experimente mit Gebeten immer wieder auf. Diese Untersuchungen zeigten nicht nur dann eindeutige wissenschaftliche Ergebnisse, wenn Menschen um bestimmte Entwicklungen beteten, sondern auch, wenn sie um nichts Bestimmtes beteten. Einige Studien belegten, dass die einfache Haltung ›Dein Wille geschehe‹ wirkungsvoller war als die Hoffnung auf bestimmte Ergebnisse, die man im Kopf hatte. In vielen Untersuchungen erwies sich eine simple Gebetshaltung – das Gefühl für die alles durchdringende Heiligkeit des Lebens sowie Einfühlungsvermögen, Anteilnahme und Mitgefühl für den Menschen in Not – als beste Voraussetzung für eine tatsächliche Heilung.«

Und weiter: »Experimente mit Menschen zeigten, dass Gebete bei hohem Blutdruck, Wunden, Herzinfarkten, Kopfschmerzen und Angst einen positiven Einfluss hatten. Bemerkenswerterweise hing die Wirkung des Betens nicht davon ab, wie nah oder fern der Mensch war, für den die Person betete ...«

Bücher wie dieses von Larry haben viel dazu beigetragen, dass Menschen, die in heilenden Berufen arbeiten, sich inzwischen die Freiheit nehmen, ihre Patienten nicht nur chirurgisch oder medikamentös zu behandeln, sondern auch ihre Einstellungen, Gedanken und guten Absichten als wirksame Unterstützung zur Herbeiführung eines positiven Krankheitsverlaufs zu nutzen.

Opfer oder Sieger?

In der letzten Zeit ist viel darüber geschrieben und gesprochen worden, dass unsere unterschwelligen Einstellungen uns in einer gesunden Lebensweise entweder unterstützen oder behindern. Vor allem sind wir heute in unserer Gesellschaft an einem Punkt angelangt, wo wir unseren Kindern beibringen, sich im Leben nicht als Opfer, sondern als Sieger zu betrachten – und auch uns selbst entsprechend umzuprogrammieren. Die jüngsten Entwicklungen in Medizin und Wissenschaft, die immer mehr zum Allgemeinwissen werden, sind in dieser Hinsicht sicherlich richtungweisend.

Die Kernfrage lautet hier: Befinden wir uns in einer mechanistischen, materiellen Welt, in der unsere Gefühle, unsere Sehnsüchte, unsere Ängste und unsere Wünsche (unsere chronischen inneren Gedanken und Bilder) keinerlei Macht haben zu beeinflussen, was uns widerfährt – oder helfen wir durch die Art und Weise unseres Denkens aktiv mit, uns in jedem Augenblick des Tages unsere eigene Realität zu schaffen?

Durch eigene Forschungen auf dem Gebiet der neuen Wissenschaft geprägt, bin ich zu der Erkenntnis gelangt, dass unsere vorherrschenden Einstellungen unsere Richtung im Leben vielleicht noch ausschlaggebender bestimmen als äußere Ereignisse. Wir müssen aber darauf achten, dass wir äußere Faktoren nicht völlig außer Acht lassen, wie einige Anhänger des New Age es zu tun pflegen. Es ist offensichtlich ein schwerer Fehler, wenn wir glauben, die äußere Realität allein durch die Macht unserer Gedanken und Projektionen völlig verändern zu können. Diese ziemlich egozentrische Einstellung des New Age negiert die Macht sämtlicher anderen Menschen, mit denen wir uns zwangsläufig austauschen und die ebenfalls ihre eigenen Realitäten erschaffen. Wenn wir gegen Wände rennen, bleibt der Zement ganz unabhängig davon, was wir über seine Härte denken, bestimmt so hart, dass wir uns daran stoßen ...

Aber nachdem diese Warnung vor Übertreibung ausgesprochen ist, kann ich meine Anschauung über die Macht menschlichen Denkens in der physischen Welt hier offen darlegen:

> Durch die Art und Weise, wie wir die in unserem individuellen Bewusstseinskokon vorherrschenden Einstellungen, Gedanken und Gefühle handhaben, beeinflussen wir in jedem Augenblick unseres Lebens Form und Richtung unserer Zukunft. Über die Inhalte der Gedanken, die uns durch den Kopf gehen, bestimmen wir kontinuierlich die Richtung unseres Schicksals. Wenn wir mit unserem Denken Misswirtschaft betreiben oder es einfach laufen lassen, dann werden wir zu Opfern des Lebens. Lernen wir jedoch, unser Denken entsprechend zu steuern, dann werden wir in sämtlichen Lebensbereichen zu Siegern.

Ich erwarte nicht, dass Sie mir zustimmen. Ich lege lediglich dar, zu welchem Schluss ich aufgrund des existierenden Beweismaterials gekommen bin. Ich empfehle Ihnen aber, Ihre eigenen Erfahrungen mit Mind-Management zu machen, indem Sie mit den Übungen in diesem Buch experimentieren und zu Ihren eigenen Schlussfolgerungen gelangen. Wichtig ist, beim Experimentieren offen zu bleiben und sich kontinuierlich die eigene Entscheidungsfreiheit zu bewahren.

Möchten Sie in Ihren zahlreichen verschiedenen Wartesituationen Opfer bleiben oder siegen – und sind Sie bereit zu handeln, um zu siegen?

Grundprinzipien des Manifestierens

Ich plane gerade, ein ganzes Buch über das Thema »Manifestation« zu schreiben. Es ist so umfassend, und die heutige Forschung auf diesem Gebiet steht noch ganz am Anfang. In dem knappen verbleibenden Raum der hier geführten Diskussion möchte ich Ihnen trotzdem einen Überblick über die menschlichen Grundprinzipien des Manifestierens (beziehungsweise Ausgestaltens von Ideen) geben und Ihnen dann zeigen, wie Sie diese Prinzipien auf jedes der Wartedilemmas anwenden können, die wir in diesem Buch kennen gelernt haben.

Die ausgefeiltesten Techniken für das Manifestieren unserer Ziele im Leben stammen vielleicht aus der uralten hawaiischen Tradition des Huna oder Kahuna. Da ich seit vielen Jahren hier auf Hawaii lebe, habe ich diese lebendige Tradition ausgiebig studieren können, auf die vieles von dem, was gleich folgen wird, zurückgeht.

Die grundlegende Frage lautet hier: Wenn unsere Gedanken, Einstellungen und Gefühle tatsächlich auf irgendeine Weise in die materielle Welt ausstrahlen und die Dinge auch über eine weitere Entfernung beeinflussen können, wie steuern wir unser Denken dann so, dass wir die gewünschten Ergebnisse erzielen?

Ein wichtiger Hinweis in diesm Zusammenhang stammt von Dr. Dossey, der schreibt, dass Experimente, bei denen die Testpersonen sich auf ganz bestimmte Ergebnisse konzentrierten, nicht annähernd so positiv verliefen wie die, bei denen der geistige Fokus lediglich eine allgemeine Richtung vorgab. Daraus ergibt sich für mich, dass eine generell positive Einstellung zu einem bestimmten Thema wertvoller ist als das Festhalten an bestimmten Bildern, die genau vorgeben, was wir erleben möchten. Die äußeren Realitäten haben dann mehr Entwicklungsmöglichkeiten, als wenn wir versuchen, etwas ganz Bestimmtes zu erreichen.

1. Prinzip: **Stellen Sie sich die optimale Zukunft vor**

Ganz gleich, auf was Sie warten, lassen Sie, wenn Sie sich das Ergebnis Ihrer Wünsche vorstellen, genügend Raum für überraschende Abwandlungen und Erweiterungen. Ich empfehle Ihnen sogar, sich an das alte amerikanische Sprichwort zu halten: »Gib Gott die Chance, Nein zu sagen«.

Behalten Sie im Hinterkopf, dass das projizierte Ergebnis einer Situation auf früheren Erfahrungen beruht und sich niemals ganz mit der Realität decken wird, die sich neu entfaltet. Wenn Sie also zu stark an einem konkreten Ergebnis festhalten, kämpfen Sie gegen die natürliche positive Entwicklung Ihres Lebens an. Fördern Sie das Gefühl, an der Ausgestaltung Ihrer Zukunft teilzunehmen, statt diese zu diktieren. Wenn Sie zu den Menschen gehören, die glauben, dass ihrer Entwicklung ein göttliches Element innewohnt, kann Ihnen der Bibelspruch »Dein Wille geschehe« als umfassende Absichtserklärung dienen.

2. Prinzip: **Bleiben Sie innerlich auf Ihr Ziel ausgerichtet**

Wenn Sie das Ergebnis einer Wartesituation nachhaltig beeinflussen wollen, müssen Sie innerlich ständig darauf ausgerichtet sein. Untersuchungsergebnisse zeigen, dass der Erfolg beim Manifestieren dessen, was Sie wollen, in direktem Zusammenhang mit der Zeit steht, die Sie damit verbringen, sich auf das gewünschte Ergebnis zu konzentrieren.

Deswegen ist es äußerst hilfreich, entsprechende Meditationen in Ihren Tagesablauf einzuplanen. Studien zeigen, dass fünf Minuten stündlich insgesamt mehr bewirken als längere Zeitspannen einmal pro Tag. Jedes Mal wenn Sie den Fokus Ihrer Aufmerksamkeit von Ihren Alltagsaktivitäten auf Ihre Zukunftsprojektionen richten, fördern Sie Ihre »Absichtsenergien« – und dieses Umschwenken scheint ein wichtiger Bestandteil der aktiven Gestaltung Ihrer Zukunft zu sein.

3. Prinzip: **Gehen Sie vom Denken zum Manifestieren über**

Wie die meisten uralten Quellen der Weisheit lehrt uns die Huna-Tradition, dass sämtliche physischen Manifestationen auf einer ursprünglichen Idee beruhen. In diesem Licht betrachtet, verstanden die alten Mystiker die Schöpfung unseres Universums als eine Idee, die in Gottes Bewusstsein Gestalt anzunehmen begann und dann in der materiellen Schöpfung mündete.

Wenn wir etwas manifestieren möchten, müssen also auch wir zunächst einmal eine klare Idee oder ein Bild entwickeln. Der Gedanke geht dem materiellen Ausdruck immer voran, stimmt's? In dieser Hinsicht sind wir alle Schöpfer – nur mit dem Unterschied, dass unsere anfänglichen Ideen auf früheren Erfahrungen beruhen. Wir Menschen erschaffen uns unsere Welt nicht aus dem Nichts heraus, wie der Schöpfer es offenbar tat.

Betrachten Sie einmal folgenden Ablauf und machen Sie sich bewusst, in welchem Stadium Sie sich in Ihren verschiedenen Wartesituationen im Augenblick befinden:

1. Das anfängliche Aha!, wenn die erste Idee Ihnen in den Kopf kommt.
2. Die Entwicklung der anfänglichen Idee in Ihrem Kopf zu einem ganzen Bild, Konzept oder Spielplan.
3. Das Übergehen von mentalen Vorstellungen und Entwicklungen zu ersten aktiven Schritten in der äußeren materiellen Welt.
4. Das fortgeschrittene Stadium der Manifestation, in dem Sie Ihre kreative Idee aktiv in der realen Welt umsetzen.
5. Die letzte Phase, in der die innere Idee äußerlich ganz manifest wird und Sie Ihr Projekt abgeschlossen haben.

4. Prinzip: **Sind Sie Teil des Ganzen, manipulieren Sie nicht**

Hier kommen wir zu einem wichtigen Punkt, den ich an dieser Stelle kurz erläutern möchte. In der westlichen Welt und besonders in unserem kapitalistischen Wirtschaftsleben wird Manipulation als klassisches Werkzeug für das Manifestieren angestrebter Ergebnisse angesehen. In unserer äußerst egozentrischen Gesellschaft gehen wir davon aus, dass unser individuelles Selbst gegen die Natur und konkurrierende Kräfte kämpfen muss, um seine Absichten durchzusetzen.

In Wartesituationen, in denen wir das Gefühl haben, keinen Einfluss auf den Ausgang unseres Wartens zu haben, ist der Einsatz geistiger Kräfte zu manipulativen Zwecken meistens besonders unproduktiv oder sogar schädlich, da wir versuchen, der Außenwelt und dem Leben anderer Menschen unseren Willen aufzuzwingen. Bei den tieferen psychischen Kräften geht es aber nicht um ein Erzwingen, sondern um ein Fließen.

> Die kluge Einstellung zur Beeinflussung unserer Zukunft besteht darin, unsere Aktivitäten zur »mentalen Manifestation« als Teil einer Realität zu sehen, die umfassender ist als die, die sich uns auf den ersten Blick zeigt oder die wir uns vorstellen.

Wenn jeder von uns um die Verwirklichung seiner eigenen Vision von der Zukunft kämpft, werden wir letztlich gar nichts erreichen. Stattdessen erzeugen wir mit unseren konkurrierenden Vorstellungen feindselige Schwingungen auf verschiedensten Ebenen. Lassen Sie uns also diesen mentalen Konkurrenzkampf beenden!

Ich möchte Ihnen deshalb empfehlen, die allgemein gehaltenen Bilder und Ideen dessen, was Sie manifestieren wollen, als Ihren persönlichen Beitrag zur positiven Entwicklung der Zukunft einer größeren Gemeinschaft zu betrachten, von der Sie ein konkreter Teil sind. Behalten Sie, während Sie Ihre Absichten in die Welt projizieren, im Hinterkopf, dass alle anderen Menschen im Grunde das Gleiche tun – und drücken Sie Ihre

Ziele so aus, dass sie im Einklang mit dem umfassenderen Lebenszweck Ihrer Gemeinschaft stehen.

Ich habe im Laufe der Jahre beobachtet, dass sich diese an der Gemeinschaft orientierte Einstellung zum Manifestieren schnell und gründlich mit den tieferen spirituellen Energien des menschlichen Lebens verbindet und sich unsere persönliche Tätigkeit zum Manifestieren beträchtlich erweitert.

5. Prinzip: **Verankern Sie Ihre Hoffnung tief im Herzen**

Während wir unseren Gedanken nachgehen und unsere Hoffnungen in die Welt projizieren, können wir unsere Aufmerksamkeit beliebig verändern. Die meisten von uns sind dabei mit Ihrer Aufmerksamkeit natürlich überwiegend im Kopf. Der Manifestationsprozess wird jedoch beträchtlich beschleunigt und verstärkt, wenn wir unser Denken und Projizieren auf unseren ganzen Körper verlagern und uns dabei vor allem auf den Herzbereich konzentrieren, statt auf den Kopf fixiert zu bleiben.

Man sagt oft: »Ich hoffe von ganzem Herzen ...« Diese einleitende Formulierung für eine Vision oder einen Traum trifft für mich genau den Punkt. Wenn wir unsere persönlichen Absichten in die Zukunft projizieren und uns unsere Träume ausmalen, bleiben wir am besten auf unser Herz ausgerichtet. Dieses vierte »Chakra« oder Körperzentrum birgt große Kräfte, wie ich in meinem Buch *Das Erwachen der Kundalini* genauer dargelegt habe. In der Bibel finden wir die radikale Gleichsetzung »Gott ist Liebe«. Damit wird den kreativen Kräften des Universums derselbe Platz zugewiesen wie der Liebe, und Liebe empfinden wir nicht im Kopf, sondern im Herzen.

Bestimmte Träume und Sehnsüchte, die wir als Idee im Kopf haben, können wir in unserem Herzen einfach nicht aufrechterhalten. So bezweifle ich, um ein extremes Beispiel zu nennen, dass Hitler seine Idee der Judenvernichtung im Herzen vertreten konnte. Wenn Sie also wissen möchten, ob Ihr persönlicher Traum oder Ihre Hoffnung eine spirituelle und ethische Grundlage hat, tun Sie einfach Folgendes: Schauen Sie, ob Sie an Ihrer Idee oder Vision auch mehrere Minuten lang im Herzen festhalten können.

Wenn Sie bei diesem Test feststellen, dass Ihre Idee im Herzen keinen Bestand hat, heißt das, dass Sie sie nicht wirklich lieben. Und wollen Sie wirklich eine Idee oder Vision in der Außenwelt manifestieren, für die Sie selbst keine Liebe empfinden? Ich kann gar nicht genug betonen, wie wichtig dieser Test ist und welche Kräfte Ihnen erwachsen, wenn Sie das, worauf Sie warten, in Ihr Herz nehmen und spüren, wie es dort lebendig wird!

Wenn Sie so vorgehen, werden Sie feststellen, dass Ihre regelmäßige Meditation (in der Sie sich auf Ihren Wunsch nach einem bestimmten Ausgang Ihres Wartespiel konzentrieren) zu einem wunderschönen, segensreichen Erlebnis wird. Sie projizieren eine Idee in die Außenwelt, die von Liebe erfüllt ist. Sie schließen sich bewusst an die kreative Macht des Universums an, damit es Ihnen bei Ihrer persönlichen Schöpfung hilft. – Das ist der Kern dessen, was ich Ihnen über das Manifestieren Ihrer Absichten sagen möchte: Seien Sie mit dem Herzen dabei – und es wird Ihnen gelingen!

6. Prinzip: **Machen Sie sich bereit zu empfangen!**

Es kommt oft vor, dass Menschen die ersten fünf Phasen des Manifestierens erfolgreich bewältigen, beim sechsten Schritt aber Probleme haben. Untersuchungen haben gezeigt, dass über die Hälfte der Bevölkerung generell Schwierigkeiten mit dem Empfangen hat. Viele Leute fühlen sich wertlos und glauben nichts Gutes zu verdienen.

Ich möchte Sie ermutigen, sich selbst und Ihre Einstellungen zu dieser Frage in den kommenden Wochen einmal zu erforschen. Lesen Sie die folgenden kurzen Beschreibungen und überlegen Sie, wie Sie selbst in einer ähnlichen Situation reagieren oder antworten würden:

Stellen Sie sich vor, eine Freundin oder sogar ein relativ fremder Mensch macht Ihnen völlig unerwartet ein Geschenk, einfach aus Liebe, ohne dafür irgendeine Gegenleistung zu erwarten. Wie reagieren Sie auf dieses Geschenk?

A) Sie nehmen es nicht an, weil es keinen Grund gibt, etwas so Schönes unerwartet geschenkt zu bekommen, und Sie die positiven Motive Ihres Freundes anzweifeln.
B) Sie nehmen das Geschenk an, fühlen sich aber unwohl, weil Sie etwas annehmen, das Sie nicht verdienen, und Sie sich nicht mit einem Gegengeschenk revanchieren können.
C) Sie nehmen das Geschenk an, rennen aber sofort los, um ebenfalls ein Geschenk zu kaufen, damit Sie sich besser damit fühlen, etwas erhalten zu haben.
D) Sie akzeptieren das Geschenk, fühlen sich gut in Ihrem Herzen und wissen, dass Sie eine solche Geste wert sind.

Spielen Sie diese Erfahrung, »etwas umsonst zu bekommen«, mit verschiedenen eigenen Situationen mehrmals durch, um Ihre vorprogrammierte Antwort oder Reaktion deutlich erkennen zu können. Fühlen Sie sich wert, etwas zu bekommen, oder nicht?

> Ihr inneres Selbstwertgefühl ist entscheidend für alles, was Sie tun. Sie müssen das Gefühl haben, alles zu verdienen, was Sie sich wünschen, sonst werden Sie es niemals bekommen. Ihr ganzes Warten wird vergebens sein, wenn Sie am Ende nicht offen sind zu empfangen.

Sie werden sich daran erinnern, dass ich Ihnen in diesem Buch mehrmals folgende Äußerung empfohlen habe: *»Ich bin offen zu empfangen.«* Ich hoffe, Sie verstehen jetzt, wie wichtig und entscheidend es ist, diesen Satz, der eine Absichtserklärung und eine Selbstbestätigung ist, regelmäßig auszusprechen.

Ich möchte die Äußerung *»Ich bin offen zu empfangen«* noch um eine zweite, ebenso wichtige ergänzen: *»Ich verdiene es zu empfangen!«* Jedes Mal, wenn Sie die Meditation auf die sechs Atemzüge machen, die Sie jetzt wahrscheinlich schon auswendig können, und zum letzten Schritt des Manifestierens kommen, wo Sie sagen: *»Ich bin offen zu empfangen«*, sollten Sie jetzt darauf achten, auch zu sagen:

»Ich verdiene es zu empfangen!«

Natürlich werden viele von Ihnen auf diese Äußerung sofort mit den Worten reagieren: »Aber ich verdiene es *nicht* zu empfangen!« Gut, lassen Sie diese Reaktion einfach zu und beobachten Sie sich in den nächsten Wochen.

Wir wollen hier mit Hilfe von Bewusstseinskräften eine Selbstkorrektur vornehmen. Wenn Sie sehen, dass Sie auf das Empfangen mit dem reflexartigen Gefühl reagieren, keine Geschenke verdient zu haben, fangen Sie an sich zu fragen: »Aber bin ich es wirklich nicht wert zu empfangen?« Immer wenn Sie nach der Wahrheit forschen, statt einer durch Ihre Vergangenheit vorprogrammierten Selbsteinstellung zu folgen, kommen Sie einen Schritt weiter! Sie werden feststellen, dass Ihr Selbstwertgefühl jedes Mal wächst, wenn Sie sagen: *»Ich bin es wert zu empfangen!«* Vertrauen Sie mir!

Zusammenfassung

Sie haben jetzt die sechs Schlüsselprinzipien für das Manifestieren in der Hand, die, wie ich festgestellt habe, für Ihre verschiedenen Wartesituationen am wirkungsvollsten positive Ergebnisse herbeiführen. Ich wiederhole diese Prinzipien hier noch einmal in Kurzform, damit Sie leicht darauf zurückgreifen können. Und ich hoffe, Sie befolgen diese Schritte bei jedem neuen Projekt und den damit verbundenen Wartespielen!

Die sechs Schlüsselprinzipien des Manifestierens

1. Stellen Sie sich die optimale Zukunft vor.
2. Bleiben Sie innerlich auf Ihr Ziel ausgerichtet.
3. Gehen Sie vom Denken zum Manifestieren über.
4. Sind Sie Teil des Ganzen, manipulieren Sie nicht.
5. Verankern Sie Ihre Hoffnung tief im Herzen.
6. Machen Sie sich bereit zu empfangen!

Sie kennen jetzt diesen allgemeinen Ablauf in sechs Schritten. Somit ist es an der Zeit, dass ich Sie konkret durch die grundlegenden Wartesituationen leite, die wir in diesem Buch besprochen haben, damit Sie anfangen können, die oben beschriebenen Prinzipien in allen Wartezwangslagen in Ihrem Leben anzuwenden.

8
Schluss mit dem Warten – jetzt gewinnen Sie das Spiel!

Zu Beginn dieses Buches haben wir sechs Bereiche des menschlichen Wartens genannt, die uns alle betreffen. Jetzt sind wir in der Lage, direkt zu überlegen, wie wir in diesen grundlegenden Wartesituationen gewinnen können. Zu diesem Zweck werden wir die sechs Prinzipien des Manifestierens, die wir im vorherigen Kapitel kennen gelernt haben, auf jede dieser Wartesituationen anwenden.

Wie wir sehen werden, muss jedes Prinzip genau befolgt werden, wenn wir unser Schicksal selbst in die Hand nehmen und den Ausgang unserer Wartespiele aktiv bestimmen wollen. Mit anderen Worten: Mit Hilfe dieser Prinzipien und Methoden werden wir von Opfern zu Siegern. Lassen Sie uns jetzt herausarbeiten, wie wir gewinnen können.

Kurzfristige Wartefrustrationen

Diese wiederkehrenden Ausfallzeiten sind die beste Gelegenheit, den Brennpunkt Ihrer Aufmerksamkeit regelmäßig für sechs Atemzüge nach innen zu richten und sich dann auf das positive Ergebnis für die Dinge zu konzentrieren, die Sie in Ihrem Leben primär erwarten.

Wenn Ihnen die Meditation auf die sechs Atemzüge und den ganzen Körper jetzt gut gelingt, können Sie sich sofort in diesen erweiterten Bewusstseinszustand versetzen und sich in diesem Zustand ins Gedächtnis rufen, was Sie in Ihrem Leben primär manifestieren möchten. Sagen Sie zu sich: *»Ich bin offen zu empfangen«* und *»Ich verdiene es zu empfangen!«*

> Ich schlage vor, dass Sie eine kurze Liste der vier oder fünf wichtigsten Dinge erstellen, die in Ihrem Leben passieren sollen. Jedes Mal, wenn Sie warten müssen – bei der Arbeit, im Verkehr, in der Schlange vor der Kasse oder wo auch immer –, rufen Sie sich eines dieser grundlegenden Dinge, die Sie manifestieren wollen, ins Gedächtnis und sagen von Herzen: *»Ich wünsche mir von ganzem Herzen, dass das und das passiert ...«*

Denken Sie daran, dass es dabei eher um ein Herzensgefühl und ein ganzheitliches Körperbewusstsein geht als um ein bloßes Vorstellungsbild. Damit der Prozess der Manifestation auch wirklich lebendig wird und bleibt, muss es Ihnen gut gelingen, zur Ebene des ganzen Körpers überzugehen.

Finanzielle Situationen

Wenden Sie die sechs Prinzipien der Manifestation an und achten Sie bei finanziellen Fragen sorgfältig darauf, dass Sie jedes dieser Prinzipien vollständig erfüllen. Denken Sie daran, dass kein Geschäft exakt so verläuft, wie es zu Beginn geplant war. Die ständige Veränderung und Weiterentwicklung Ihres gedanklichen Konzepts muss Schritt für Schritt vor sich gehen, während die äußere Realität und Ihre Träume einen gemeinsamen Boden finden müssen.

Um günstige finanzielle Umstände wie Gewinne und finanzielle Sicherheit zu manifestieren, müssen wir manchmal sehr konzentriert und detailliert vorgehen und dann wieder allgemeiner. Am Anfang werden Sie eher einen geweiteten Blick auf das Thema werfen, um sich die ganze Palette Ihrer Möglichkeiten zu bewahren und für Veränderungen offen zu bleiben. Wenn wir uns sofort auf Details fixieren und versuchen, unsere Absichten mit Gewalt in die Tat umzusetzen, beeinträchtigt das oft den Manifestationsprozess.

> Wenn Sie ein bestimmtes Bild und ein konkretes Konzept dessen entwerfen, was Sie im Geschäftsleben erreichen wollen, ist es wichtig, dass Sie bei allem Planen in Ihrem Kopf und Ihrem Herzen genügend Raum für neue Einfälle und Ereignisse lassen – für jene unerwarteten Einsichten, die Ihnen plötzlich kommen und die Ihnen erfolgversprechendere und realistischere Richtungen weisen als die ursprünglich eingeschlagene. Wenn Sie in Ihren Spielplan nicht von vornherein die Freiheit zur Veränderung einbauen, schließen Sie die Möglichkeit plötzlicher Durchbrüche aus.

Vor allem das fünfte Prinzip »Verankern Sie Ihre Hoffnung tief im Herzen« ist entscheidend dafür, dass Sie als Sieger aus dem Wartespiel hervorgehen. Die wirklich tragischen Fehlschläge im Berufsleben passieren immer dann, wenn eine Führungskraft zwar eine großartige Idee hat, bei der Umsetzung dieser Idee aber nicht ihrem Herzen folgt. Wenn wir nicht vor jeder Entscheidung unser Herz befragen, handeln wir nur nach rein logischen, gedanklichen Erwägungen und verlieren die Kraft, die uns aus unserem innersten Wesenskern zufließt.

Wir alle wissen um das Potenzial eines inspirierten Teams und haben andererseits erlebt, wie energielos ein Team ist, das lediglich Pläne ausführt, statt sich gefühlsmäßig und spirituell mit seiner Arbeit zu identifizieren. Häufig glauben Angestellte, dass sie ihr Herz lieber zu Hause lassen sollten, weil es am Arbeitsplatz nichts zu suchen hätte. Das Gegenteil ist der Fall: Das Herz gibt bei der Arbeit den entscheidenden Ausschlag, und ohne diese tiefer gehende Verbindlichkeit und Einsicht gehen geschäftliche Projekte kaum voran und werden dann von der Konkurrenz aufgegriffen, die sie mit mehr Herz und Enthusiasmus in die Tat umsetzen.

Eine Schlussbemerkung hierzu: Wie wir in den vorigen Kapiteln gesehen haben, ist es vollkommen unproduktiv und im Berufsleben oft sogar gefährlich destruktiv, sich über den Ausgang eines Projekts Sorgen zu machen. Ich habe Ihnen in diesem Buch ausführlich erläutert, wie man mit Hilfe bestimmter Methoden aus diesem Teufelskreis des Sorgens und der chronischen, unproduktiven Problemlösungsversuche aussteigen kann. Vergessen Sie nicht, dass kreatives Mind-Management eine Fähigkeit ist, die Sie entwickeln und pflegen müssen. Das bedeutet, dass Sie Ihren Fokus immer wieder von besorgten Projektionen in die Zukunft auf die Freude und das Handeln im Hier und Jetzt richten sollten.

Gesundheitliche Krisen

Dies ist ein ganz spezieller Fall für die Anwendung der sechs Prinzipien der Manifestation. Mediziner sind heute übereinstimmend der Meinung, dass die meisten chronischen Krankheiten auf langfristige negative Einstellungen und Gedanken zurückzuführen sind, die sich schließlich körperlich ausdrücken. Wenn wir gesundheitliche Probleme negativ manifestieren, können wir uns aber ebenso gut auf eine positive körperliche Verfassung konzentrieren.

Natürlich haben wir alle genetisch ererbte Anfälligkeiten für die eine oder andere Krankheit. Es wäre kurzsichtig, wenn wir uns für unsere Gesundheitsprobleme ausschließlich selbst verantwortlich machten, ohne die Rolle genetischer Veranlagungen zu berücksichtigen. Aber es ist heute allgemein anerkannt, dass unsere inneren mentalen und emotionalen Einstellungen in großem Maße mitbestimmen, ob wir unserer genetischen Prädisposition zum Opfer fallen oder sie überwinden können.

Letzten Endes spielen wir alle das ultimative Wartespiel, um herauszufinden, wie lange wir in unserem Körper auf der Erde leben werden, bevor gesundheitliche Probleme unserem Leben ein Ende bereiten. Keiner von uns kann der tödlichen Wahrheit entfliehen, dass unser Körper den Keim seiner Selbstzerstörung seit der Geburt in sich trägt. Aber es ist möglich, ein frühzeitiges Abtreten von der irdischen Bühne, das durch negative Gewohnheiten und entsprechende emotionale und physische Reaktionen bedingt ist, zu vermeiden.

Unsere körperlichen Probleme stellen eine doppelte Herausforderung für uns dar. Zum einen sind wir aufgefordert, unsere Gedanken immer wieder so zu steuern, dass Sorgen und Stress auf ein Minimum reduziert werden und wir uns optimaler Gesundheit erfreuen. Zum anderen müssen wir, wenn wir plötzlich merken, dass unser körperliches Befinden Besorgnis erregend ist, sofort eine andere Richtung einschlagen, um unsere Krankheit zu überwinden.

Ich schlage vor, dass Sie Ihre optimale Gesundheit als eines der langfristigen Ziele betrachten, auf die Sie hinarbeiten. Wenn Sie innehalten oder sich Zeit nehmen, darüber zu meditieren, was Sie in Zukunft erreichen wollen und wie Sie es manifestieren können, sollten Sie mindestens ein- oder zweimal täglich Ihre Gesundheit in den Mittelpunkt stellen. Wenn Sie die ganze Spanne Ihres Lebens betrachten, wäre es dumm, sich nicht wenigstens ein paar Minuten am Tag darauf zu konzentrieren, die Gesundheit von Geist, Körper und Seele zu fördern.

Wenn Sie spezielle Gesundheitsprobleme haben, denken Sie immer daran, dass diese das Ergebnis einer langfristigen Entwicklung darstellen und Sie tief in Ihr Herz, Ihren Geist und Ihre Seele blicken müssen, um die chronischen Folgen von Stress und Sorgen zu unterbinden, die zu Ihrem physischen Leiden geführt haben. Machen Sie sich keine Vorwürfe wegen Ihrer Vergangenheit. Übernehmen Sie einfach die Verantwortung für Ihre Zukunft.

Ich halte es für sehr wichtig, auf zwei Ebenen gleichzeitig zu arbeiten, wenn Sie sich von einer Krankheit erholen. Stellen Sie sich einerseits Ihren optimalen Gesundheitszustand vor. Führen Sie sich regelmäßig vor Augen, wie Sie aussehen und sich fühlen, wenn Sie vollständig von Ihrer Krankheit geheilt sind. Wenden Sie regelmäßig die sechs Prinzipien der Manifestation an, damit Ihre Chancen steigen, das medizinische Wartespiel zu gewinnen.

Reflektieren Sie andererseits regelmäßig über Ihre eigene Sterblichkeit. Akzeptieren Sie Schritt für Schritt, dass Ihr Körper nicht ewig leben wird. Sagen Sie zu sich: *»Ich akzeptiere meine eigene Sterblichkeit und bin offen für meinen unausweichlichen Tod.«*

Ich kann nicht oft genug betonen, wie wichtig dieser Satz ist, denn er wird Ihre Angst vor dem Tod entscheidend verringern. Wenn Sie diesen Satz zum ersten Mal sagen, löst er wahrscheinlich widersprüchliche Gefühle und Einstellungen aus. Aber bei jeder Wiederholung werden Sie feststellen, dass Sie durch die

Auseinandersetzung mit Ihrer eigenen Sterblichkeit innerlich gewachsen sind.

Ich formuliere die Akzeptanz meiner Sterblichkeit für mich wie folgt: »Ich weiß von ganzem Herzen und ganzer Seele, dass mich zu irgendeinem zukünftigen Zeitpunkt – hoffentlich eher später als früher, aber wer kann das schon mit Sicherheit sagen – eine Krankheit befallen wird, von der ich mich nicht wieder erhole. Und ich akzeptiere diese Realität uneingeschränkt.«

Können Sie das auch für sich sagen? Wenn Sie die Unausweichlichkeit Ihres Todes erst einmal akzeptiert haben und sich mit ihm abfinden, wenn er eintritt, dann werden Sie nicht nur in Frieden sterben, wenn Ihre Zeit gekommen ist, sondern davor auch ein erfülltes Leben führen.

Und hier noch eine kurze Anmerkung zum sechsten Prinzip der Manifestation: »Machen Sie sich bereit zu empfangen!«

Unsere Gesundheit ist ein Mysterium, das wir nie ganz verstehen werden. Das Geheimnis der Lebenskraft entzieht sich jeder wissenschaftlichen Analyse. Was die Wissenschaft allerdings inzwischen bewiesen hat:

> Wir sind keine isolierten, auf uns selbst zurückgeworfenen biologischen Wesen. Wir sind mit dem gesamten Leben auf diesem Planeten untrennbar verbunden. Und je öfter wir den ständigen Zustrom an universeller Lebenskraft in unserem Körper bewusst erfahren, anstatt zu glauben, dass dieser Fluss nicht existiert, desto gesünder werden wir. Menschen, die sich vom Rest der Welt abschotten, siechen eher dahin und sterben. Menschen, die sich als Teil der ganzen Menschheit fühlen, blühen meistens auf.

Deshalb ist der Schlüssel zur wirkungsvollen Manifestation einer guten Gesundheit nicht unsere Vorstellungskraft, sondern unser Herz. Denn wir spüren den Fluss der Verbundenheit mit anderen Menschen und der Natur nur, wenn wir in Kontakt mit unserem eigenen Herzen sind. In sämtlichen Religionen geht man davon aus, dass Liebe uns durch unser Herz erreicht, nicht durch unser Denken. Um wirklich gesund zu sein, müssen wir also so voller Liebe sein, dass das Leben stetig durch uns fließen kann und uns in jedem Augenblick Vitalität, das Gefühl von Zusammengehörigkeit und heilendes Mitgefühl schenkt.

Warten auf die Liebe

Ich habe schon ungeduldig darauf gewartet, dass wir endlich auf dieses Thema zu sprechen kommen. An früherer Stelle haben wir den endgültigen Manifestationsprozess für wahre Liebe zurückgestellt, um später darauf zurückzukommen. Jetzt ist der richtige Zeitpunkt dafür gekommen!

Lassen Sie mich Ihnen zunächst die wichtigsten Schritte für die Vorbereitung und Heilung des Herzens ins Gedächtnis zurückrufen, die wir abschließen müssen, bevor wir uns ernsthaft mit der Manifestation beschäftigen können. Wenn Sie das Gefühl haben, dass Sie diese Schritte bereits hinter sich gebracht haben, gehen Sie gleich zu der folgenden Manifestationstechnik über. Wenn Sie sich jedoch noch mitten im Heilungsprozess befinden, lesen Sie bitte auch den Rest dieses Abschnitts, damit Sie sehen, worauf ich hinauswill. Aber schließen Sie auf jeden Fall erst den folgenden Prozess ganz ab, der ein paar Wochen Zeit in Anspruch nehmen kann.

Setzen Sie sich ein- oder zweimal am Tag ganz ruhig hin … Führen Sie die Meditation auf die sechs Atemzüge und den ganzen Körper durch, um sich ganz auf den Augenblick zu konzentrieren und den chronischen Fluss Ihrer Gedanken zur Ruhe zu bringen …

Konzentrieren Sie sich ganz auf Ihr Herz und sagen Sie ein paar Mal zu sich: »Ich liebe mich ... Ich liebe die Welt ...«, um das Bewusstsein der Liebe in Ihrem eigenen Herzen zu verstärken.

Um dies wirkungsvoll zu unterstützen, sagen Sie jetzt: »Ich will die alten Wunden meines Herzens heilen, koste es, was es wolle ... Ich will mein Herz heilen und von neuem öffnen!«

Atmen Sie in alle Gefühle und Erinnerungen hinein, die in Ihnen aufsteigen, während Sie diesen heilsamen Satz mehrmals wiederholen, und lassen dann alles zu, was in Ihrem Herzen, Ihren Gedanken und Ihrer Seele passiert ...

Sagen Sie schließlich zu sich: »Ich lasse die Vergangenheit los ... Ich öffne mein Herz von neuem der Liebe ...«

Wenn Sie erst einmal spüren, dass Ihr Herz beginnt sich zu öffnen, dass dort Raum für einen anderen Menschen entsteht und sich ein gewisses Gefühl von Lebensfreude und Unbeschwertheit einstellt, dann können Sie zu den konkreten Manifestationstechniken übergehen, um Ihren idealen Liebespartner bald in den Armen halten zu können. Ich sage das mit vollem Ernst. Nachdem ich die Magie wahrer Liebe in meinem eigenen Leben erfahren habe, hege ich keinerlei Zweifel daran, dass auch Sie diese Gnade und diesen Segen erfahren werden.

> Wenn Sie zu irgendeinem zukünftigen Zeitpunkt Ihrer wahren Liebe begegnen und sich mit ihr zusammentun werden, dann muss dieser Mensch schon jetzt irgendwo auf der Welt existieren und selbst nach Ihnen suchen. Dazu gehören immer zwei. Sie sind nicht allein, auch nicht, wenn es im Moment noch so scheinen mag. Ein anderer Geist, ein anderes Herz und eine andere Seele werden schon bald ihre Aufmerksamkeit in Ihre Richtung lenken. Und je stärker Sie sich von Herzen nacheinander sehnen, desto schneller werden Sie sich körperlich begegnen.

Ihre Aufgabe ist es, Ihre Ziele zu formulieren und von Herzen so präsent zu sein, dass Sie mit den Menschen in Kontakt kommen, die Ihnen von den Schwingungen her am ähnlichsten sind. Vielleicht gibt es auf der Welt sogar ein Dutzend Kandidaten, die wunderbare Gefährten abgeben würden – Sie brauchen nur einen von ihnen zu finden ... Also lassen Sie uns beginnen!

1. Stellen Sie sich die optimale Zukunft vor. Wenn wir dieses Prinzip auf die Erfüllung in der Liebe anwenden, gilt Folgendes: Versteifen Sie sich nicht auf Äußerlichkeiten wie Haarfarbe, Nasenform, Größe, Gewicht oder andere körperliche Eigenschaften Ihres zukünftigen Partners. Sonst machen Sie sich wahrscheinlich ein Idealbild, das auf früheren Erfahrungen beruht – und schon laufen Sie an Ihrem Traummann oder Ihrer Traumfrau vorbei. Stellen Sie sich stattdessen vor, wie es ist, von diesem noch unbekannten Menschen berührt zu werden, die Empfindung, ihm nahe zu sein, und vor allem, wie er sich von seinen Schwingungen her anfühlt, der energetischen Anziehungskraft, die er auf Sie ausübt.

Wenn wir uns wirklich verlieben, hat das nur wenig mit den körperlichen Eigenschaften des anderen zu tun. Verliebtheit ist vor allem ein energetisches Phänomen von Schwingungen. Also bleiben Sie offen, während Sie sich innerlich auf den entscheidenden Moment auszurichten beginnen, in dem Ihr ganzes Wesen zu vibrieren beginnt, wenn Sie Kontakt zu dieser anderen Person aufnehmen, mit der Sie so harmonisch zusammenschwingen und die Sie so anzieht.

2. Bleiben Sie innerlich auf Ihr Ziel ausgerichtet. Wenn Sie sich nur einmal in der Woche darauf konzentrieren, Ihre ideale Gefährtin oder Ihren idealen Gefährten zu finden, wird es wohl viele Jahre dauern, bis Sie sich schließlich begegnen. Sie müssen wirklich entschlossen sein, sich regelmäßig auf sie oder ihn auszurichten, indem Sie still dasitzen, wie Sie es gelernt haben, und die Schwingungen Ihres Herzens in die Welt senden. Wenn Sie ihn oder sie nicht wissen lassen, wo Sie zu finden sind, ist es fast aussichtslos. Sie müssen handeln!

3. Gehen Sie vom Denken zum Manifestieren über. Sie spüren es tief in Ihrem Inneren, wenn Ihr zukünftiger Partner Ihnen im Lauf der Zeit näher und näher kommt. Zuerst äußern Sie das oben formulierte Ziel: »Ich bin bereit, mich aktiv auf die Suche nach meiner wahren Liebe zu begeben.« Dann folgt der Prozess der Annäherung bis zur tatsächlichen Begegnung. Auf diesem Weg werden Sie die Anwesenheit dieses Menschen fast körperlich spüren können. Ihr Herz wird die Präsenz der geliebten Person immer deutlicher fühlen – und dann – juhu!

4. Sie sind Teil des Ganzen, manipulieren Sie nicht. Während Sie sich täglich mehrmals darauf konzentrieren, Ihre Schwingungen in die Welt hinauszusenden und die Schwingungen Ihres künftigen Partners zu empfangen, werden Sie feststellen, dass Sie zwei Möglichkeiten haben: Entweder Sie drängen das Universum ungeduldig, Ihre Wünsche zu erfüllen, oder Sie entspannen sich einfach, sind Teil der umfassenderen Realität des Lebens und akzeptieren, was Ihnen gegeben wird.

Die meisten von uns neigen dazu, ungeduldig vorwärts zu drängen – und stören damit ernsthaft den Prozess der Manifestation. Menschen, die zur Manipulation neigen, finden nur selten ihre wahre Liebe – das ist leider eine grundlegende Wahrheit in Herzensdingen. Sie drängen und halten fest – aber die wahre Liebe entgleitet ihnen. Also sagen Sie immer wieder zu sich: *»Ich akzeptiere den natürlichen Fluss und bin bereit zu warten, bis meine wahre Liebe von selbst zu mir kommt.«*

5. Verankern Sie Ihre Hoffnung tief im Herzen. Die Sendestation des menschlichen Körpers für Liebesangelegenheiten befindet sich ohne Frage mitten im Herzen. Jede Sehnsucht entsteht dort. Das Denken kann keine wahre Liebe manifestieren. Es kann sich lediglich auf ein bestimmtes Ziel und eine bestimmte Absicht konzentrieren, um das Herz bei der entscheidenden Aufgabe des Sendens und Empfangens zu unterstützen.

Diese entscheidende Wahrheit gilt vor allem zu Beginn unseres Manifestationsprozesses, wo wir unseren möglichen Partner tief ins Herz einlassen müssen, um den Kontakt mit ihm zu spüren. Sie ist aber auch im Verlauf des weiteren Manifestationsprozesses wichtig, denn wir müssen unseren Partner mit dem Herzen wahrnehmen, um ihn oder sie überhaupt zu erkennen. Deshalb ist es, wie in anderen Kapiteln bereits empfohlen, wichtig, dass wir lernen, stets auf unser Herz ausgerichtet zu bleiben.

6. Machen Sie sich bereit zu empfangen! Es kommt immer wieder vor, dass zwei ideale Partner aufeinander treffen, aber noch nicht bereit für diese Begegnung sind. So gehen sie aneinander vorbei – manchmal für immer. Natürlich sind wir alle oft zaghaft oder schüchtern und fürchten uns vor dem Augenblick der ersten Begegnung. Aber wir müssen uns unserer Scheu stellen und uns auf das erste Zusammentreffen und die erste körperliche Begegnung aktiv vorbereiten – oder es wird nie dazu kommen.

Ich empfehle Ihnen, schon lange vor einer ersten Begegnung immer wieder zu sich zu sagen: »Ich bin bereit.« Setzen Sie sich mindestens vier- oder fünfmal am Tag ruhig hin und sagen Sie diese Worte laut zu sich. Überfordern Sie sich nicht durch über-

triebene Aufregung oder intensive Bilder – sagen Sie die Worte einfach mit dem Ausatmen und machen Sie sich beim Einatmen bewusst, wie Sie sich in Ihrem Herzen und in Ihrem ganzen Körper fühlen und wie Ihr Atem fließt. Spüren Sie, wie Ihre Bereitschaft langsam wächst, nicht als Anspannung oder Ungeduld, sondern als Reife. Werden Sie reif für die Liebe – und Sie werden geliebt werden!

Über diese Ratschläge und den grundlegenden Manifestationsprozess hinaus kann ich Ihnen nur noch wünschen, dass Ihr Warten auf die Liebe nicht zu lange dauert. Ich wünsche Ihnen, dass Sie für die tiefen Dimensionen der Liebe offen sind, wenn Sie Ihrer Partnerin oder Ihrem Partner endlich begegnen. Urteilen Sie nicht übereinander. Lieben Sie sich.

Die Schwangerschaftspause

Ich habe mir dieses wichtige Thema fast bis zum Schluss des Buches aufgehoben, denn Sie müssen die vorangegangenen Erläuterungen und Techniken erst einmal ganz verinnerlicht haben, bevor wir uns vertieft der großen Frage zuwenden können, wie wir während einer Schwangerschaft kreativ warten können.

Ich will das Erlebnis der Schwangerschaft von drei Seiten beleuchten. Zunächst einmal ist da natürlich die konkrete körperliche Erfahrung, ein neues Leben in seinem Leib zu tragen, ob wir sie nun selbst machen oder über unsere Partnerin erleben. Des Weiteren möchte ich die weniger körperliche, aber trotzdem grundlegende Erfahrung ansprechen, mit einer Idee schwanger zu gehen, einem Traum, einer Vision, die in Ihrem Herzen, Ihrem Geist und Ihrer Seele eine gewisse Zeit reifen müssen, bevor sie konkret geboren und umgesetzt werden können. Vorab möchte ich aber auf die kurzfristige Erfahrung des Wartens zu sprechen kommen, die wir »schöpferische Pausen« nennen und in denen aus der Stille konkrete Einsichten und Erkenntnisse geboren werden.

Kurze schöpferische Pausen: Bei der kurzen schöpferischen Pause erleben wir das Prinzip des Pulsierens des Lebens, das wir bereits erwähnt haben, in voller Blüte: Wenn wir ununterbrochen reden, wenn nichts den Kreislauf unserer Gedanken unterbricht, dann gibt es keinen Raum für neue Einsichten. Wenn wir die Stille nicht regelmäßig pflegen und bei unserem geistigen Austausch und im Kontakt mit anderen Menschen keine schöpferischen Pausen einlegen, können keine neuen, großen Ideen das Licht der Welt erblicken.

Ist Ihnen schon einmal aufgefallen, dass Sie nur beim Ausatmen sprechen können? Ihr regelmäßiges Einatmen ist eine lebensnotwendige, von der Natur in jede Unterhaltung eingebaute schöpferische Pause. Der Atem diktiert uns, dass wir einen Satz oder auch zwei sprechen, dann schweigen, während wir einatmen, dann wieder sprechen ... wie der Pulsschlag! Wenn Sie lernen wollen, inspiriert zu sprechen, ist es unerlässlich, sich dieser kleinen Schweigemomente im Gespräch bewusst zu werden.

Außerdem ist es einer klugen Unterhaltung zwischen zwei Partnern förderlich, regelmäßig schöpferische Pausen einzulegen, in denen beide schweigen und sich in ihre tieferen Gefühle und Einsichten versenken – und sich dafür öffnen, dass Inspiration und grundlegende Empfindungen ihr ganzes Wesen erfüllen.

Schwanger mit einer Idee gehen: Wir haben gesehen, dass der konkreten Umsetzung eines Plans im Berufsleben immer eine Zeit des geistigen Reifens der ursprünglichen Idee vorausgeht, bevor die tatsächliche physische Manifestation des Plans erfolgen kann. Auch das ist mit Sicherheit eine »Schwangerschaftserfahrung«, die Männer ebenso genießen können wie Frauen!

Es liegt in unserer Natur, keimendes Leben in uns zu nähren, bis es so weit gereift ist, dass es in der Welt überleben und sich weiterentwickeln kann. Die meisten Menschen mit großartigen Ideen machen den Fehler, dass sie versuchen, deren Umsetzung mit Gewalt durchzusetzen, bevor es wirklich Zeit ist, ihre »Kinder« dem grellen Licht der Wirklichkeit auszusetzen. Der Schlüssel zum Erfolg in großen wie in kleinen Dingen liegt darin zu lernen, mit einer Idee schwanger zu gehen und in diese Phase hineinzuatmen.

Eine wichtige Faustregel ist hier, nicht gleich zu häufig und mit zu vielen Leuten über Ihre Idee zu reden. Setzen Sie Ihre ersten Gedanken nicht zu früh dem harten Urteil der Außenwelt aus, sondern erst, wenn Ihre Vorstellungen so klare Konturen angenommen haben, dass sie den Ansichten anderer standhalten können.

Es wäre ziemlich ungerecht, einen winzigen Embryo im Schoß der Mutter daraufhin zu untersuchen, ob aus ihm bei seiner jetzigen Körperkonstitution wohl ein guter Fußballspieler werden würde. Das Gleiche gilt für Ihre Ideen: Schützen Sie sie vor Urteilen, bis sie das richtige Format für eine Prüfung durch die Außenwelt erreicht haben.

Und noch ein wichtiger Punkt: Wenn Sie Ihre Idee gedanklich immer weiterentwickeln, nimmt sie Ihre Aufmerksamkeit zunehmend in Anspruch. Das müssen Sie akzeptieren und Ihr Leben entsprechend einrichten, damit die letzten Monate Ihrer »geistigen Schwangerschaft« günstig verlaufen.

Wenn dann der Zeitpunkt der Geburt gekommen ist, machen Sie sich klar, dass eine Geburt immer auch Anstrengung bedeutet und jedes Geschöpf ein Trauma erlebt, wenn es mit einem Schlag der unfreundlichen Atmosphäre der Außenwelt ausgeliefert ist. Betrachten Sie sich als Vater oder Mutter Ihrer neugeborenen Idee. Übernehmen Sie die volle Verantwortung – und machen Sie sich klar, dass Sie Ihrem Kind vermehrt Zeit und Aufmerksamkeit widmen müssen, wenn es in seiner physischen Gestalt überleben soll.

Die sechs Prinzipien der Manifestation lassen sich ausgezeichnet anwenden, wenn Sie »mit einer großen Idee schwanger gehen«. Ich möchte diese sechs Leitsätze erneut aufzählen, so dass Sie die ganze Liste noch einmal vor sich haben und diese Prinzipien durchdacht benutzen können, wenn Sie mit Ihrer nächsten brillanten – aber noch unausgereiften – Idee schwanger gehen.

1. **Stellen Sie sich die optimale Zukunft vor.**
2. **Bleiben Sie innerlich auf Ihr Ziel ausgerichtet.**
3. **Gehen Sie vom Denken zum Manifestieren über.**
4. **Sie sind Teil des Ganzen, manipulieren Sie nicht.**
5. **Verankern Sie Ihre Hoffnung tief im Herzen.**
6. **Machen Sie sich bereit zu empfangen!**

Ein neues menschliches Wesen austragen: Eine Schwangerschaft ist sicherlich eine der größten Lehren in Bezug auf die verschiedenen Möglichkeiten, das Wartespiel zu gewinnen. Ob eine Frau es will oder nicht, der körperliche Prozess diktiert ihr unerbittlich sämtliche sechs Prinzipien. Alles, was ich bis jetzt über das Warten gesagt habe, zeigt sich wunderbar (und manchmal dramatisch), wenn eine Frau neun scheinbar endlos lange Monate warten muss, bis ein neuer Mensch das Licht der Welt erblickt.

Ich selbst habe diesen Prozess aus männlicher Sicht insgesamt dreimal durchlebt, so dass ich aus einer gewissen Erfahrung heraus sprechen kann. Ganz sicher ist auch ein Mann mit seiner Partnerin zusammen diese neun Monate schwanger und zählt die Tage.

In beiden Fällen – für Frauen wie für Männer – ist eine Schwangerschaft mit Sicherheit eine der wesentlichsten Warteerfahrungen und kann gegen Ende der neun Monate oft zu einer wahren Zerreißprobe werden.

> Bei Schwangerschaften hat die Warteperiode neben der langsamen Reifung des Embryos noch einen weiteren wichtigen Zweck: Auch die zukünftigen Eltern durchlaufen in diesen Wochen und Monaten einen Prozess, so dass sie zum Zeitpunkt der Geburt, wenn das Baby das Licht der Welt erblickt, in ihrer Persönlichkeit gereift sind und die Verantwortung übernehmen können, das Neugeborene schützend durch seine Kindheit zu begleiten.

Jede Schwangerschaft hat zwei Seiten. Zum einen muss das neu empfangene Leben während der Zeit im Mutterleib geschützt werden. Mit unseren Ideen ist es das Gleiche wie mit unseren Babys: Während sie heranreifen, ist ein Teil unserer Aufmerksamkeit ständig mit ihnen beschäftigt (»Bleiben Sie innerlich auf Ihr Ziel ausgerichtet«). Zum anderen müssen wir aber auch unsere eigene Persönlichkeit und unsere Einstellungen während dieser Wartezeit weiterentwickeln, um reif zu werden für eine aktive Elternrolle. Das drückt sich auch in dem Prinzip »Machen Sie sich bereit zu empfangen« aus.

In Bezug auf die Frage, wie Sie sich am besten auf eine Geburt vorbereiten können, kommt das fünfte Prinzip zur Geltung: »Verankern Sie Ihre Hoffnung tief im Herzen«. Viele werdende Eltern machen sich in dieser Wartezeit buchstäblich verrückt vor Sorgen, weil sie sich bei ihren Projektionen in die Zukunft meist stärker auf ihre Gedanken als auf ihre Gefühle konzentrieren. Gefühle existieren dagegen ganz in der Gegenwart, es ist unmöglich, ein Gefühl in der Zukunft zu empfinden. Gefühle sind immer ein körperliches Phänomen, das im Hier und Jetzt angesiedelt ist.

Je öfter Sie während des Heranreifens Ihrer neuen Idee oder Ihres Babys Ihre Gedanken von der Zukunft abwenden und sich auf die augenblicklichen Abläufe in Ihrem Körper konzentrieren, desto angenehmer und positiver wird die Warteerfahrung für Sie sein. Und je stärker Sie sich auf Ihr Herz besinnen, desto mehr fördern Sie die Eigenschaften und Gefühle, die Sie zu guten Eltern machen. Sie selbst und das Baby werden für diese Ausrichtung auf das Herz während des Wartens auf die Geburt dankbar sein.

> Ganz gleich, ob es um neue Ideen oder Babys geht, für beides gilt: Trotz sorgfältigster Planung werden Sie am Ende immer Überraschungen erleben, mit denen Sie überhaupt nicht gerechnet haben. Konzentrieren Sie sich also auf die Gegenwart. So sind Sie bestens darauf vorbereitet, dem Unvorhergesehenen zu begegnen!

Ich selbst ging mit der Idee, dieses Buch zu schreiben, mehrere Jahre schwanger, bevor ich begann, tatsächlich am Manuskript zu arbeiten. Schon vor Jahren unternahm ich einen ersten Versuch, der aber misslang – ich wusste genau, dass in mir ein wichtiges Projekt heranwuchs, aber die Zeit war einfach noch nicht reif dafür. Dann plötzlich, vor ungefähr zehn Monaten, wurden die Idee und meine Absicht immer klarer, und auch der Aufbau des Buches begann Form anzunehmen. Wieder unternahm ich einen Versuch, das Manuskript zu schreiben, unmittelbar nachdem ich ein Exposé verfasst hatte – aber noch immer stellte sich der rechte Fluss nicht ein. Also wartete ich ab und machte mir Gedanken, ohne konkret etwas zu Papier zu bringen. Nachdem ich bereits die europäischen Rechte verkauft hatte, fing ich an, mir langsam etwas Sorgen zu machen, ob daraus wirklich ein Buch werden sollte. Die wenigen Verleger in New York, denen ich das Konzept geschickt hatte, antworteten alle: Eine großartige Idee, die auch zum richtigen Zeitpunkt kommt, aber ist der Autor wirklich imstande, ein ganzes Buch darüber zu schreiben?

Dann endlich, vor zwei Monaten, begann es zu fließen. Das Baby war bereit für die Geburt. Nach drei Jahren des Brütens, ohne sonderlich konkrete Vorstellungen, trat plötzlich die Manifestationsphase ein, und seitdem habe ich beständig am Computer gesessen, um dem Buch Gestalt zu verleihen.

Ich muss zugeben, dass ich zu Beginn der Arbeit an diesem Buch praktisch keine Ahnung hatte, was da konkret auf mich zukommen sollte. Mein Ehrgeiz war eher, mich auf gut 200 Seiten zu beschränken, als 200 Seiten irgendwie füllen zu müssen. Ich glaube, Sie haben inzwischen gemerkt, dass vieles in diesem Buch ungesagt geblieben ist – bleiben muss. Einsichten ziehen weitere Einsichten nach sich, und ich möchte es Ihnen überlassen, Ihren eigenen Erfahrungen mit dem Warten weiter nachzugehen.

Ich will nur noch eines sagen: Wenn Sie spüren, dass Sie mit einer Idee oder einem Baby schwanger gehen, schätzen Sie sich glücklich und lassen Sie sich von ganzem Herzen auf diese Erfahrung ein!

SCHLUSSBEMERKUNG

Sorgen Sie sich nicht länger, leben Sie!

Wir haben jetzt sämtliche Dimensionen des Wartespiels erforscht – bis auf eine. Wenn Sie das Gefühl haben, genug gelesen zu haben, und sich mit der spirituellen Dimension des Wartens nicht mehr befassen wollen, ist das für mich völlig in Ordnung. Aber ich empfinde sowohl die Verantwortung als auch den tiefen Herzenswunsch, noch anzudeuten, wie wir beim Wartespiel auch spirituell wachsen können.

Für die Leserinnen und Leser, die meine noch spiritueller orientierten Bücher nicht gelesen haben, möchte ich zunächst einmal klarstellen, dass es mir hier in keiner Form um Religion geht. Im Gegenteil: Es ist außerordentlich wichtig, dass ich in Bezug auf die konventionelle Theologie und Philosophie völlig neutral bleibe, damit Menschen jeder Glaubensrichtung und philosophischen Lehre meine Ansätze ohne Schwierigkeiten mit ihrer Auffassung von Spiritualität verbinden können.

Wenn ich im Folgenden von spirituellem Wachstum spreche, geht es nicht darum, weitere Vorstellungen über Gott oder eine spirituelle Identität zu verbreiten. Ich beziehe mich vielmehr auf die alltäglichen Erfahrungen, die wir alle machen, wenn wir uns unserem spirituellen Kern zuwenden. Für mich hat das Wort »Spiritualität« mit Aberglauben und theologischen Streitfragen nichts zu tun. Vielmehr lenkt es unsere Aufmerksamkeit auf die unmittelbare, unendliche, allmächtige, allwissende und umfassend liebende Super-Intelligenz des Universums – die kreative Lebenskraft, die unsere gesamte dreidimensionale sinnliche und kognitive Realität permanent durchdringt und belebt.

Nachdem das gesagt ist, möchte ich Ihnen jetzt kurz erläutern, wie wir das Wartespiel auf der spirituellen Ebene ebenso gewinnen können wie auf der materiellen und emotionalen Ebene.

»Gott ist Liebe ... Liebt einander«

Die meisten Weltreligionen stimmen zumindest in einem Punkt überein: dass die Liebe die irdische Manifestation der Gegenwart Gottes ist. Außerdem siedeln sämtliche großen Religionen das Zentrum der Liebe im Herzen des menschlichen Körpers an. Insofern ist meine ständige Aufforderung, Ihre Aufmerksamkeit immer wieder auf Ihr Herz zu richten (Atem ... Herz ...), bereits spiritueller Natur, denn wenn wir in unser Herz schauen, können wir mit unserem tieferen spirituellen Wesen Kontakt aufnehmen.

Spirituell schnell wach werden: Sie warten am Telefon, in der Schlange oder anderswo ... Wie können Sie in einer Minute oder noch schneller einen intensiven Zustand von Liebe und Harmonie erleben?

Machen Sie die Meditation mit *»Atem ... Herz ... Gleichgewicht ... dem ganzen Körper«*. (Das ist durchaus eine offizielle Meditation, deren Ablauf wir in vielen traditionellen Meditationsritualen wieder finden.) Entspannen Sie sich und stimmen

Sie sich auf Ihre eigene Präsenz in diesem gegenwärtigen Augenblick ein. Mit einem einzigen weiteren Satz verwandeln Sie Ihren Tag, indem Sie sagen:

Ich bin spirituell bereit zu empfangen.

Wenn Sie diese Worte beim Ausatmen ein paar Mal wiederholen, dabei innerlich ganz ruhig und in Kontakt mit Ihrem Atem und ihren Herzensgefühlen bleiben, erleben Sie wahrscheinlich, wie Sie plötzlich ein starkes Glücksgefühl durchströmt. So einfach ist das!

Spirituelles Wachstum ist am besten, wenn es am einfachsten ist – denn das spirituelle Erwachen ist kein Gedanke und auch kein Gefühl. Es ist eine Erfahrung des ganzen Körpers, die über Gedanken und Gefühle hinausgeht.

»Hauche mir deinen Odem ein, Gott«

Dieses Zitat stammt aus einem alten Kirchenlied, an das ich mich aus meiner frühesten Kindheit erinnere. Ich bekam jedes Mal diese ganz spezielle spirituelle Gänsehaut, wenn wir es sangen ... Die Vorstellung von Gottes »Odem« war für mich fast körperlich greifbar.

Als ich Jahre später während meiner (zugegebenermaßen nur kurzen) Ausbildung zum Pfarrer Hebräisch lernte, stellte ich fest, dass im alten Hebräisch das Wort »Jahwe« für Gott mit »Atem« oder »Brise« übersetzt wurde.

Und als ich die Meditationspraktiken der Hindus studierte, begegnete ich hier der Auffassung, dass der Atem als etwas Heiliges gilt, das erfüllt ist mit einer geheimnisvollen Lebenskraft namens »Prana«, die das Universum ebenso durchdringt und belebt wie meinem Verständnis nach der Geist. Jede Tradition, die ich später noch erforschte, schrieb dem Atem höchste spirituelle Bedeutung und Kraft zu.

Wenn Sie also in einer Wartesituation stecken, brauchen Sie, um spirituell wach zu werden und zu wachsen, nichts weiter zu tun, als sich ganz auf Ihren nächsten Atemzug zu konzentrieren. Auf diese Weise werden Sie mit der spirituellen Dimension in Kontakt kommen. Auch wenn Sie nur 15 Sekunden warten müssen, haben Sie genügend Zeit, um sich über Ihren Atem mit Ihrer tiefsten spirituellen Präsenz zu verbinden.

Und wenn Sie die bewusste Wahrnehmung Ihres Atems und Ihres Herzens zu *einem* Bewusstsein verschmelzen, ist das vielleicht die großartigste spirituelle Erfahrung, die Sie machen können – und sie erfordert lediglich zwei Atemzüge! Das spirituelle Erwachen ist jederzeit möglich und wartet sozusagen direkt vor unserer Nase auf uns!

»Dein Körper ist der Tempel Gottes«

Sämtliche Weltreligionen lehren, dass der menschliche Körper ein heiliger Tempel Gottes ist, was wir nur erkennen und würdigen müssen. Wenn wir zulassen, dass die spirituelle Dimension (oder welche Bezeichnung Sie auch wählen mögen) unsere Seele und unseren Körper erfüllt, verwandeln wir unseren physischen Körper in eine Welt der spirituellen Liebe.

Können Sie jetzt die tiefere Logik erkennen, die meiner Meditation zur Beruhigung Ihres Denkens zugrunde liegt: *»... Atmen ... Herz ... Gleichgewicht ... der ganze Körper«*?

Vielleicht lautet das primäre Gesetz des menschlichen Bewusstseins aus spiritueller Sicht:

> Wenn wir den ständigen Strom unserer Gedanken zum Stillstand bringen, uns von der Ebene des Mitteilens in einen empfänglichen Zustand begeben und unser Herz für die Liebe öffnen, lassen wir zu, dass die spirituelle Dimension unser sterbliches Leben durchdringt.

Diese Möglichkeit steht uns immer offen – die Schwierigkeit besteht darin, sich daran zu erinnern, es auch tatsächlich zu tun. Ich hoffe, dieses Buch ist Ihnen eine wichtige Hilfe dabei, neue mentale Gewohnheiten zu entwickeln, durch die spirituelle Kräfte und Einsichten Ihr Leben tagtäglich bereichern können.

Unsere Egos haben die Macht, Gott auszusperren. Das meine ich, wenn ich sage, dass wir in der Spiritualität die Wahl haben. Wir können unser Leben lang glauben, dass es nichts Größeres gibt als unseren eigenen individuellen Bewusstseinskokon. Wir können unser Herz und unsere Seele der spirituellen Dimension verschließen. Aber dann werden wir höchstwahrscheinlich die Folgen in Form von Einsamkeit, Leere und letztendlich tiefer Verzweiflung tragen müssen.

»Alles, was du brauchst, ist Liebe«

Immer wenn wir warten müssen, glauben wir auf etwas zu warten, was wir in unserem Leben unbedingt bräuchten, stimmt's? Und je häufiger wir uns etwas für die Zukunft erhoffen, desto unzufriedener sind wir natürlich mit der Gegenwart. Wenn wir rundherum zufrieden wären, würden wir einfach im Augenblick aufgehen und nicht weiter über die Zukunft nachdenken.

Von Lao-tse zu Buddha, von Mohammed zu Jesus bis hin zu den Rocklyrikern der Gegenwart heißt es, dass wir unser Herz nur mit Liebe erfüllen müssen, damit sich in unserem Leben alles zum Guten wendet ... Dann sind wir in Frieden ... und ein Quell der Freude für unsere Familie, unsere Arbeitskollegen und die ganze Gesellschaft. Ich schlage deshalb vor, dass wir uns jedes Mal, wenn wir warten, auf unser Herz, die Liebe und unseren spirituellen Kern konzentrieren. Lassen Sie Ihr kleines (?) Licht leuchten!

Das soll nicht heißen, dass wir unsere kognitiven Fähigkeiten vernachlässigen oder überhaupt nicht mehr für die Zukunft planen sollten. Natürlich spielt auch unser Denken eine wichtige Rolle für unser physisches Überleben und Gedeihen. Der Trick ist, das Pulsieren, über das wir gesprochen haben, zu fördern, indem wir zwischen deduktiver und induktiver Ebene hin- und herpendeln und vom Denken an die Zukunft zum Erleben des gegenwärtigen Augenblicks kommen sowie vom ängstlichen Klammern ans Überleben zum Öffnen unserer Herzen für die Liebe.

Das Gleichgewicht wahren ist alles. Wir alle legen zu viel Gewicht auf den Kopf, das Denken, das Überleben. Jetzt können wir etwas tun, um ein gesundes Gleichgewicht zwischen der rechten und der linken Gehirnhälfte herzustellen. Sie kennen nun die notwendigen und wirkungsvollen Schritte hierfür.

Ich wünsche Ihnen durchschlagenden Erfolg bei Ihren zahlreichen verschiedenen Wartespielen!

Hinweise

Hilfreiche Internetseminare:

Damit Sie die Übungen dieses Buches leicht und trotzdem gründlich erlernen können, hat John Selby eine Reihe geleiteter Audio-Seminare entwickelt, denen der Text von *Wer warten kann, hat mehr vom Leben* zugrunde liegt. Diese Seminare, die Sie intensiv in die verschiedenen Übungen und Programme dieses Buches einführen, können Sie über Internet-PCs aufrufen oder sich auf CD anhören.
Zugang zu den Internetseminaren, die sich mit dem Thema dieses Buches beschäftigen, erhalten Sie über die Internetadresse www.johnselby.com.

Persönlich geleitete Seminare und gemeinsame Trainingsseminare:

Wenn Sie in Deutschland, Österreich oder der Schweiz an persönlich geleiteten Seminaren zum Thema dieses Buches teilnehmen möchten oder an der Organisation eines Seminars in Ihrer näheren Umgebung interessiert sind, wenden Sie sich bitte an folgende Adresse: